WEB 3.0

참여, 공유, 보상이 가져오는 새로운 미래

평범한 일상이 돈이 되는 세상

WEB 3.0

웹3.0

이임복 지음

참여, 공유, 보상이 가져오는 새로운 미래

머리말

'최고의 시간이었고, 최악의 시간이었다. 지혜의 시대였고, 어리석음의 시대였다.'

'It was the best of times, it was the worst of times, it was the age of wisdom, it was the age of foolishness.'

찰스 디킨스의 《두 도시 이야기》는 이렇게 시작한다. 코로나 19 이후 달라진 세상, 뉴노멀을 강제적으로 살아가는 지금, 누군가에게는 최고의 시절이자 기회의 시대가, 누군가에게는 어둠이자 절망의 시대가 이어지고 있다.

이제 겨우 달라진 세상에 적응이 좀 된 것 같지만 안심하기에는 이르다. 웹 3.0의 세상, 또 다른 새로운 미래가 오고 있기 때

웹 3.0 - 참여, 공유, 보상이 가져오는 새로운 미래

문이다. 2018년부터 시작된 '4차 산업혁명'과 '메타버스'를 넘어 'NFT'에 이르기까지 알아야 할 건 너무 많고, 정리되지 않은 것들도 너무 많다. 매일매일 쏟아지는 정보의 홍수 속에서 새로운 콘텐츠를 읽기만 하는 데에도 벅찰 지경이다.

《메타버스, 이미 시작된 미래》와 《NFT, 디지털 자산의 미래》를 출간한 이후 많은 기업과 기관들을 대상으로 강의와 컨설팅을 하면서 이제는 웹 3.0 시대를 준비해야 한다고 이야기를 해왔다. 이때 대부분의 사람들은 '웹 3.0이라니…. 이걸 또 알아야 해?'라고 반문했다. 이런 반응이 나타나는 건 당연하다. 하지만 웹 3.0은 어느 한 산업만의 변화와 기회가 아니다. 웹 3.0은 이미 모든 산업을 창조적이고 효율적으로 변화시키고 있고, 이 과정에서 수많은 기회와 위협이 생겨나고 있다. 입고 먹고 자고 생활하는 모든 것을 새롭게 만들어 가는 변화인 것이다.

웹 3.0의 3대 키워드는 '참여'와 '공유' 그리고 '보상'이다. 이 3가지 키워드를 어떻게 잘 조합하느냐에 따라 기존의 플랫폼 기업들은 자신들의 시장지배력을 더욱 굳건히 할 수 있고, 작고 빠른 스타트업들은 웹 3.0을 활용해 기존 플랫폼 기업들에 대항하는 무기를 만들 수 있다. 이처럼 웹 3.0의 시대를 어떻게 준비하느냐에 따라 기업들은 앞으로 10년의 기회를 잡을 수도 있고, 변화에 뒤처질 수도 있다. 좋든 싫든 주사위는 이미 던져졌다.

"우리가 지금 살아가는 현재와 우리 아이들이 앞으로 살아갈 미래를 위해 지켜만 볼 것인가, 아니면 적극적으로 뛰어들 것인가?"

이 질문에 독자 여러분은 어떤 답을 하겠는가? 지켜보겠다고 결심했다면 그것도 좋다. 다만 맹목적인 비난이 아닌 건설적인 비판을 하자. 비판은 어떤 현상에 대해 자신의 경험과 생각을 가지고 대안을 제시하는 데 의미가 있기 때문이다. 적극적으로 뛰어들겠다고 결심했으면 지금이 기회다. 이미 미래로 가는 기차는 달리고 있다. 웹 3.0의 시대는 모두에게 열려있지만 앞장선 이들에게 더 큰 보상이 주어질 것이기 때문이다.

앞으로의 세상을 준비하는 방법은 변화된 환경을 직접 경험해 보는 것 외에는 답이 없다. 관련된 책을 읽고, 유튜브에서 영상을 찾아보고, 직접 VR을 쓰고 메타버스 세상에 들어가 보고, 암호화폐 지갑을 만들어 NFT를 사고팔아 봐야 이해할 수 있다.

웹 3.0이 여는 새로운 미래가 어떤지 궁금한가? 그렇다면 이 책은 여러분들의 여행을 돕는 친절한 가이드가 될 것이다. 이 책의 끝에서 우리는 끝이 아닌 새로운 시작을 함께하게 될 것이다.

이임복

차례

PART 2

웹 3.0의 핵심기술

PART 3
웹 3.0 시대의
대표 기업 분석

PART 4

웹 3.0의 핵심 경쟁력

웹 3.0 세상의 하루

아침 6시

부드러운 음악 소리와 함께 잠에서 깼다. 손목 위 스마트워치의 진동을 끄고 침대에서 내려와 기지개를 폈다. 다시금 진동과 함께 메시지가 수신되었다.

'지난밤 수면 점수는 80점입니다. 이틀만 더 80점 이상을 받으시면 플래티넘 등급으로 승급 가능합니다.'

지금 보상을 받아도 되지만 이왕이면 기다렸다가 플래티넘 등급에서 받는 게 더 좋다. '이번에는 어떤 상품을 받을까~'라는 즐거운 고민과 함께 확인 버튼을 눌렀다. 가볍게 세수를 하고 현관을 나섰다.

준비 운동을 하며 러닝 앱을 실행했다. 조깅화 NFT의 내구도는 80이니 충분히 더 달려도 된다. 오늘까지 열심히 달리면 획득한 포인트로 지난번에 봐둔 에어 시리즈 신발을 살 수 있을 것 같다. '대전' 모드로 바꾸고 잠시 기다리니 5명이 연결되었다. 지난번 함께 달렸던 친구들이 3명이나 있다. 1시간 남짓 달린 후 집으로 돌아왔다. 오늘의 성적은 3등, 나쁘지 않다. 추가 보상이 주어지는 광고를 보며 샤워실로 향했다.

아침 8시 출근길

오랜만에 외부 미팅이 있는 날이다. 재택근무가 70%를 차지하고 있지만 그래도 가끔은 직접 만나야만 해결되는 일들이 있다. 정문 앞에는 미리 호출해 둔 로보 택시가 기다리고 있었다. 얼굴 인식을 한 후 뒷자리에 앉았다. 뒷좌석에 큼직하게 자리잡은 디스플레이에는 '환영합니다. 임복 님'이라는 메시지가 떠 있었다. 이동 중 들을 음악, 볼만한 영화와 드라마가 보였다. 택시 앱에 미리 승인해 둔 정보를 바탕으로 추천된 콘텐츠들이다. 어제 '조각 투자'한 음악부터 찾아 들었다. 듣는 횟수가 많으면 많을수록 매월 지급받는 수익금도 올라가는 구조여서 시간이 될 때마다 듣고 주변에도 추천하고 있다. 현재 곡의 순위와 지급 예상수익을 확인해 봤다. 아직 원하는 수준까지는 아니지만 어제 뮤직 다오DAO에서 공개한 로드맵대로 하반기까지 기다려보기로 했다.

음악을 들으면서 웹소설 한 편을 읽었다. 광고를 시청하면 웹

소설 한 편을 더 볼 수 있어 클릭했는데, 마침 살까 말까 망설이고 있던 스마트워치 시계 줄이 20%나 할인하고 있었다. 구입액의 20% 정도를 코인으로 리워드 받을 수 있어 바로 주문을 했다.

아직 미팅 장소까지는 30분 넘게 남았다. 뒷자리에 놓인 어댑터를 스마트폰과 연결해 보안 인증을 한 후 회의록을 띄웠다.

저녁 6시 퇴근 후

오랜만에 친구와 뮤지컬을 한 편 보기로 했다. 아무리 메타버스에서 함께 볼 수 있다고 해도 오프라인이 주는 현장감을 따라가기는 어렵다. 그런데 친구에게서 '아, 미안해. 일이 지금 끝났어. 늦을 것 같으니 나는 메타버스로 접속할게'라고 톡이 왔다.

어쩔 수 없지. 입구에서 암호화폐 지갑에 담긴 뮤지컬 티켓 NFT를 인증했다. 작년에 시작한 뮤지컬 다오의 초기 멤버로 OG 자격을 획득했기에 올해는 30% 이상 할인된 가격으로 관람할 수 있다. 물론 뮤지컬 흥행 정도에 따라 추가 적립되는 코인도 꽤 쏠쏠한 투자가 되고 있다.

자리에 앉아 스마트 글래스를 착용하고 앱을 실행했다. 옆자리를 보니 이미 친구가 최신 스킨이 적용된 아바타로 접속해 앉아 있었다. 공연이 시작되었다. 화면이 어두워지며 천장에서 배우들이 튀어나왔다. MR(혼합현실)이 뮤지컬에 적용되며 공연은 더

화려해지고 더 재미있어졌다. 이번 뮤지컬 다오는 좋은 수익을 기대해도 좋을 것 같다.

저녁 11시 잠들기 전

침대에 누워 대시보드를 불러왔다. 내가 속해 있는 다오는 7개. 취미·운동과 관련된 다오가 3개, 투자 다오가 3개, 나머지 1개는 부업과 관련된 다오다. 다오는 보통 주말이나 쉬는 시간에 잠깐잠깐 접속해 미리 승인받은 일만 처리하면 되기에 편리하다. 예전에는 12시간의 시차가 나는 다른 나라 사람들과 일하는 게 힘들었다. 일을 시작하기 전 계약조건을 결정하는 일이나 끝난 후 송금을 받기 위한 서류도 복잡했다. 하지만 지금은 스마트 컨트랙트로 설정된 계약에 따라 일이 끝난 후 바로 암호화폐로 받을 수 있어 편해졌다.

자산관리 메뉴를 호출하니 현재 투자한 주식, 채권과 코인, NFT 등의 정보가 한눈에 보였다. 아직까지는 주식과 채권의 비중이 더 크지만, 점차 코인과 NFT의 비중을 늘려가고 있는 중이다. 그러고 보니 아침 운동을 할 때 신상 스니커즈 NFT가 괜찮다는 이야기가 생각났다. 스트리밍 앱을 실행한 후 '스니커즈' 'NFT' '투자'라는 키워드로 검색하니 〈일상 IT〉 채널에 올라온 10분짜리 소개 영상이 보였다. 잠깐 보니 내용이 꽤 괜찮아 구독 신청을

한 후 D-coin 20개를 후원했다.

'20분 안에 주무셔야 수면 점수를 얻을 수 있습니다'라고 스마트워치의 알람이 울렸다. 이틀을 더 좋은 잠을 자야 포인트를 올릴 수 있다.

"불 꺼줘~"

"네. 불을 끕니다."

인공지능 비서의 목소리를 들으며 잠이 들었다.

웹 3.0이 일상이 된 세상을 상상해 봤다. 짧은 이야기이긴 하지만 우리는 여기서 다오DAO, 메타버스 공연, 투자, 보상, 코인, 암호화폐 지갑(월렛) 등 핵심 키워드들을 볼 수 있다. 아직은 생소하겠지만 책을 다 읽고 난 후 다시 읽어보자. 분명 지금과는 다른 좀 더 선명한 웹 3.0 세상을 볼 수 있을 것이다.

이 모든 이야기의 핵심은 참여와 공유 그리고 이에 따른 보상이다. 이제 멀지 않은 현실이 될 것이다. 웹 3.0에 대한 보다 구체적인 이야기로 들어가 보자.

WEB
3.0

PART 1

웹 1.0, 웹 2.0, 웹 3.0의 이해

1
웹 3.0의 등장

웹 3.0이란 용어가 언급되기 시작한 것은 2017년 전후이다. 그런데 지금 다시 이슈가 되는 이유는 메타버스와 NFT의 등장 때문이다. 코로나 팬데믹의 시기인 2021년에는 '메타버스'가 핵심 트렌드로 관심을 받았고, 2022년에는 'NFT'가 이슈가 되며 관련 업계에 있지 않은 사람들까지도 가상현실 세계와 아바타, 디지털 자산과 블록체인에 대해 관심을 가지게 되었다.

이처럼 웹 3.0의 구성요소인 메타버스와 NFT, 블록체인 등 각각의 용어들을 어느 정도 이해할 수 있게 되자 웹 3.0이 조금씩 구체화되기 시작했고, 투자의 대상이자 다음 세대의 먹거리로 관심 받게 된 것이다.

웹의 시대

웹 3.0이 있다면 그 이전에는 웹 1.0과 웹 2.0의 시대가 있었다. 각각의 시기들이 언제부터 시작되어 언제 끝났는지를 명쾌하게 구분하는 건 쉽지 않다. 여기에서는 보편적으로 사용되는 위키피디아의 구분에 따라 정리해 보기로 하자.

- 웹 1.0의 시대는 1994년부터 2004년 초까지의 기간을 말한다. 이때는 읽기의 시대였다. 뉴스 기사나 웹 페이지의 콘텐츠들이 인터넷을 통해 공유되었고, 수많은 사람들이 이를 읽는데 몰입했다.
- 웹 2.0의 시대는 2004년부터 지금까지 이어지고 있다. 이때는 읽기와 쓰기의 양방향 시대이다. 정보를 보는데 익숙했던 사람들이 SNS를 통해 직접 정보를 생산하며, 이용자 중심의 생태계가 만들어졌다. 이런 점에서 웹 2.0의 시대는 지금도 이어지고 있다고 볼 수 있다.
- 웹 3.0의 시대는 2017년 이후를 말한다. 핵심기술인 블록체인을 통해 사람들은 읽기와 쓰기뿐 아니라 소유할 수 있는 시대로 접어들었다. 여기서 '소유'란 데이터의 소유를 의미하는데, 이게 어떤 의미인지는 차차 알아보기로 하자.

앞서 언급했듯이 웹 2.0의 시기는 아직 끝나지 않았다. 마치 3차 산업혁명이 끝나지 않았는데 4차 산업혁명이 시작된 것과 같다.

웹 3.0 – 참여, 공유, 보상이 가져오는 새로운 미래

해시넷 위키에서 정의한 웹 생태계의 변화

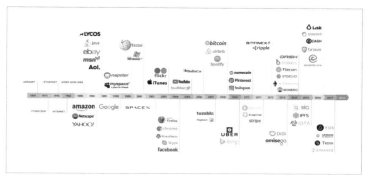

(출처 : http://wiki.hash.kr/index.php/웹_3.0)

    4차 산업혁명과 관련된 이슈들은 인공지능, 빅데이터, 로봇 등 개인의 일상보다는 기업들에게 적용되는 부분이 더 많았다. 그렇다 보니 개인들이 활용하거나 참여할 수 있는 부분이 적었다. 하지만 웹 3.0은 다르다. 웹 2.0 기업들이 웹 3.0으로 넘어가는 과정에서 변화되는 서비스의 중심에는 '개인의 참여'가 필수이기 때문이다. 이런 점에서 웹 3.0의 시대에는 개인들이 일상에서 활용할 수 있는 서비스들이 더 많아지게 될 것이다.

    이제 웹 1.0과 웹 2.0, 웹 3.0은 무엇이며, 어떻게 발전해 왔고, 앞으로의 세상은 어떻게 변할지 살펴보자.

2
웹 1.0의 시대
(읽기의 시대)

1994년을 웹 1.0의 시작으로 보는 이유는 인터넷 브라우저 '넷스케이프'가 탄생한 시기이기 때문이다. 그렇다면 웹 1.0 이전의 시대는 어땠을까?

웹 0의 시대

당신은 혹시 PC통신을 기억하는 세대인가? 집에서 인터넷을 사용하려면 전화선을 뽑아 모뎀에 연결해야 했던 시절이 있었다. 하이텔, 천리안, 나우누리 등 PC통신 서비스가 시작된 1990년대

이제는 추억이 된 PC통신의 시대

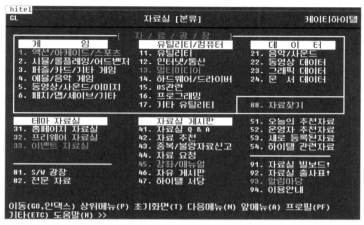

(출처 : https://ogeoseo.tistory.com/455)

초반의 일이다.

　지금은 유선전화가 없는 집이 많지만, 당시에는 전화가 없는 집이 없었다. 휴대폰이 없었던 시대이니 전화가 있어야 통화도 하고, PC통신도 할 수 있었다. 그런데 누군가가 전화선으로 인터넷을 사용하고 있으면 통화 중 상태가 되어 외부에서 걸려온 전화를 받을 수 없었다. 게다가 전화요금도 문제였다. 지금처럼 무제한으로 인터넷을 할 수 있는 시대가 아니다 보니 조금만 PC통신에 열중하다 보면 10만원이 넘는 전화요금이 나오기가 일쑤였다.

이제는 고전이 된 1997년의 영화 〈접속〉은 PC통신을 통한 사랑 이야기다. 가족이나 친구가 아닌 이 세상 어딘가에 있는 누군가와 자유롭게 채팅을 할 수 있다는 것, 바로 여기에 사람들은 열광했다. 이렇게 대화를 나누다 날짜와 장소를 정해 오프라인에서의 만남으로 이어지기도 했다.

PC통신의 시대에는 수많은 게시판과 동호회가 생겨났다. SF 게시판에 소설을 연재하는 작가들이 생겼고, 그 글을 매일매일 기다리며 읽는 독자들도 생겨났다. 이우혁 작가의 《퇴마록》과 이영도 작가의 《드래곤 라자》는 이렇게 탄생한 대작들 중 하나다. 카카오페이지의 기다무(기다리면 무료)나 네이버 시리즈의 매열무(매일 열시 무료)도 이 시대의 유산이라 할 수 있다.

게임도 빼놓을 수 없는 요소였다. MUD라는 장르의 게임들이 유행하기 시작했는데, 대표적인 게임으로 천리안의 '쥬라기 공원'과 나우누리의 '단군의 땅'이 있었다. 게임의 모든 요소는 글로 이루어져 있어 마치 분기점이 있는 소설이나 '던전 앤 드래곤'이란 TRPG 게임을 하는 것과 비슷했다.

이러한 PC통신의 시대를 '웹 0의 시대'라고 할 수 있다.

웹 1.0의 시대

1994년 넷스케이프라는 이름의 웹을 탐색할 수 있는 브라우저
가 출시되었다(넷스케이프를 만든 사람은 마크 앤드리슨으로, 지금도 웹 3.0 세
계에서 가장 많은 영향력을 미치는 인물이다). 이후 MS의 인터넷 익스플로
러가 윈도우와 함께 무료로 보급되며 PC통신의 단순한 텍스트를
넘어 진정한 의미의 웹 사이트를 이용할 수 있는 시대로 접어들
었다. 그래서 이 시기부터를 웹 1.0의 시대로 본다.

인터넷의 새로운 시작을 연 넷스케이프

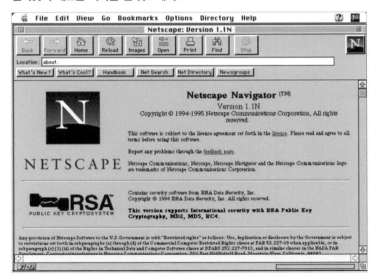

1994년에는 넷스케이프, 아마존, 라이코스, 1995년에는 인터넷 익스플로러와 야후, 1998년에는 구글, 1999년 네이버와 다음, 알리바바 등 굵직굵직한 기업들과 서비스들이 이 시기에 등장했다. 1996년 최초의 MMORPG 게임 '바람의 나라'가 출시되었고, 1998년에는 전 세계 게임계에 한 획을 그은 '스타크래프트'가 출시되었다.

우리나라에서는 1999년 KT에서 코넷**Kornet** 전용선을 깔며 인터넷 상용화를 이끌었다. 1999년은 한 세기의 말이자 새로운 천년인 밀레니엄을 앞둔 해로, 인터넷의 대중화와 함께 온라인 세상에 대한 관심이 폭발적으로 성장한 해였다. 〈매트릭스〉〈스타워즈 에피소드〉 등 SF 대작 시리즈물들이 탄생한 것도 이때였다.

웹 1.0의 시대에는 닷컴(.com)이라는 이름만 붙으면 막대한 돈을 투자받으며, 모두가 장밋빛 미래를 꿈꿨던 시기였다. 하지만 2000년대 들어 닷컴 버블이 전 세계를 강타하며, 나스닥 지수는 2년 동안 고점 대비 70% 이상 하락했다. 미래를 향한 기업들의 비전은 틀리지 않았지만 그 꿈을 뒷받침할 만한 기술과 인프라의 속도가 따라주지 못했다. KT 코넷 등의 랜선이 그제야 깔리기 시작했으니 닷컴 기업들의 몰락은 어쩌면 당연한 일이었다.

그러나 닷컴 버블이 가져온 기나긴 겨울을 버티고 살아남은 기업들은 이후 웹 2.0 시대의 강자로 자리잡을 수 있었다.

3
웹 2.0의 시대
(읽기, 쓰기의 시대)

오라일리의 웹 2.0

닷컴 버블 이후의 시기(2000년)를 바로 웹 2.0의 시작이라고 봐도 크게 무리는 없어 보인다. 하지만 2004년을 그 시작으로 보는 데에는 이유가 있다.

2004년 미국 최대 IT 출판사 오라일리의 부사장 데일 도허티가 컨퍼런스를 준비하며 아이디어를 모으는 중 닷컴 버블 이후를 표현하는 말로 웹 2.0을 처음으로 언급했다. 이후 미국 샌프란시스코에서 '웹 2.0 컨퍼런스'를 개최하며, 이때부터 웹 2.0이라는 말이 회자되기 시작했다.

2005년 오라일리의 창업자인 팀 오라일리는 자신의 블로그에 'What is web 2.0'라는 글을 올리며 웹 1.0과 웹 2.0의 차이를 당시 웹 서비스의 사례를 들어 설명했다. 사례에 따르면 브리태니커 백과사전을 온라인화한 사이트는 웹 1.0이고, 누구나 쉽게 Edit 버튼을 눌러 편집할 수 있는 참여형 온라인 백과사전인 위키피디아는 웹 2.0이다. MP3로 된 음악을 다운받을 수 있는 mp3.com은 웹 1.0이며, 누구나 쉽게 자신이 가진 MP3 파일을 공유할 수 있게 만든 냅스터는 웹 2.0이다.

　　물론 오라일리의 글에 대해서는 다양한 의견이 있을 수 있지만, '이용자의 참여'라는 기준점을 가지고 처음으로 웹 2.0을 제대

웹 1.0과 웹 2.0의 차이

Web 1.0		Web 2.0
DoubleClick	-->	Google AdSense
Ofoto	-->	Flickr
Akamai	-->	BitTorrent
mp3.com	-->	Napster
Britannica Online	-->	Wikipedia
personal websites	-->	blogging
evite	-->	upcoming.org and EVDB
domain name speculation	-->	search engine optimization
page views	-->	cost per click
screen scraping	-->	web services
publishing	-->	participation
content management systems	-->	wikis
directories (taxonomy)	-->	tagging ("folksonomy")
stickiness	-->	syndication

(출처 : https://www.oreilly.com/pub/a/web2/archive/what-is-web-20.html)

로 정리한 글이라는데 의미가 있다.

아마존의 웹 2.0

웹 2.0에 대해 기업의 리더들 역시 각자의 방식으로 정의를 내리기 시작했다. 웹 2.0 컨퍼런스에 참여했던 아마존의 창업자 제프 베이조스는 '웹 1.0은 사람을 위한 인터넷, 웹 2.0은 기업을 위한 인터넷'이라고 말했다. 그리고 아마존의 웹 서비스 수석 개발자인 제프 바는 2006년 우리나라에서 열린 차세대 웹 통합 국제 컨퍼런스에서 기조연설을 했는데, 그의 이야기 중 다음 2가지는 기억할 필요가 있다.

- 웹 2.0은 기술이 아닌 이용자들이 웹 2.0을 이용할 수 있게 하는 것
- 영구적인 베타버전Perpetual Beta과 재구성할 권리Right to Remix

이를 다시 정리해 보면 '웹 2.0의 서비스들은 처음부터 완벽한 프로그램이 아니라 이용자들의 참여를 통해 지속적으로 완성해 나가는 '영구적인 베타버전'으로 만들어야 하며, 이용자들에게는 이 베타버전을 '재구성할 권리'가 주어져야 한다는 것을 뜻한다.

이때 이용자들은 단순한 서비스 이용자가 아닌 참여자가 되며, 참여자는 자신이 이용하는 서비스에 대해 더 많은 애정을 가지게 된다.'는 것이다.

결국 웹 2.0은 이용자들의 참여를 이끌어 내고, 이를 데이터 화해 고객들에게는 더 좋은 서비스를 제공하고, 기업들에게는 더 많은 수익을 가져다 주는 새로운 웹이라고 정리할 수 있다. 이러한 정의에 기반하여 닷컴 버블에서 살아남은 기업들은 더 굳건하게 웹 2.0에 기반한 플랫폼 제국을 구축할 수 있게 되었다.

웹 2.0 플랫폼 제국의 시작

이렇게 제국이 된 기업들이 바로 웹 2.0의 시대에서 지금까지 이어져 온 미국의 FAANG(페이스북, 애플, 아마존, 넷플릭스, 구글), 중국의 BAT(바이두, 알리바바, 텐센트), 그리고 우리나라의 네이버와 다음 같은 기업들이다.

웹 1.0 시대에 등장했던 웹은 정보의 평등화와 더불어 수많은 스타트업들을 탄생시켰다. 당시에는 작은 스타트업에 불과했던 MS와 애플은 IBM과 같은 빅브라더에 맞서 싸우는 전사의 이미지로 자신들을 포장했다. 그래서 이들의 성공은 더욱 매력적이었

미국의 FAANG, 중국의 BAT

(출처 : 페이스북 @Money making ideas)

다. 차고에서 성장한 스티브 잡스의 괴짜 기업 애플, 첫 거래를 사기에 가깝게 성사시킨 MS의 전설과도 같았던 스토리에 매료되지 않는 사람이 없었다.

웹 2.0의 시대에 접어들며 이들의 성장을 보고 자라난 사람들이 또 다시 차고에서 작고 빠른 기업을 만들었다. 이들은 개인의 일상에 집중했다. 2004년과 2005년에 각각 등장한 페이스북과 유튜브는 개인의 일상을 공유하고 참여하는 대표적인 서비스들이다.

기존의 웹 1.0 플랫폼 기업들은 웹 2.0의 특징인 '참여'와 '공유'에 기반해 웹 2.0 기업으로 전환했고, 새로 등장한 스타트업들은 기존 기업들이 가진 영역에 도전하기 위해 웹 2.0을 무기로 사용하며 성장했다.

아이폰 이후 모바일 혁명의 가속화

웹 2.0 시대는 2007년을 기점으로 전기와 후기로 나누어 볼 수 있다. IT업계의 구루인 오라일리의 정의를 훼손할 생각은 없지만 2007년 애플의 아이폰이 등장하며 스마트폰 생태계를 바탕으로 한 수많은 기업들이 탄생했기 때문이다.

애플과 구글은 앱스토어와 플레이스토어라는 양대 스토어를 통해 모바일 플랫폼 시장을 장악했다. 그리고 플랫폼을 선점하지 못한 기업들은 이미 구축되어 있는 플랫폼을 활용해 빠르게 서비스를 선점해 나갔다. 2010년 서비스를 시작한 카카오톡이 대표적이다. 해외의 우버, 그랩, 에어비앤비, 딜리버리히어로는 물론 국내의 토스, 당근마켓, 배달의 민족 등 2010년 이후 탄생한 수많은 회사들도 플랫폼을 기반으로 거대기업이 되었다.

역사가 끊임없이 반복되듯 IT를 둘러싼 기업들의 흥망성쇠 역시 끊임없이 반복되고 있다. 2007년 이전은 닷컴 버블에서 살아남은 인터넷 1세대 기업들이 기존의 인프라를 바탕으로 플랫폼 기업으로 도약한 시기이며, 2007년 이후는 이들이 구축한 플랫폼과 스마트폰이라는 새로운 디바이스를 바탕으로 등장한 새로운 기업들이 새로운 시대의 강자로 자리매김한 시기라고 정리할 수 있다.

웹 2.0 기업들의 무기

웹 2.0 시대의 기업들을 강자로 만든 무기는 바로 '데이터'다. 이용자들이 하루 종일 생산해 내는 수많은 데이터는 기업들의 새로운 동력이 되었다. 기업들은 이용자들이 제공한 데이터를 분석해 더 정확한 맞춤형 서비스를 만들 수 있게 되었기 때문이다. 페이스북, 구글, 유튜브와 같은 회사들이 광고계의 승자가 될 수 있었던 이유이다. 넷플릭스 역시 데이터를 잘 활용하는 회사로 유명하다. 이용자들이 콘텐츠를 시청하는 시간, 멈추는 시간, 돌려보는 시간, 어떤 기기를 통해 보는지 등 수많은 데이터를 분석해 맞춤형 콘텐츠를 제공해 준다.

이처럼 데이터는 21세기의 원유라 불릴 정도로 웹 2.0 기업들에게 가장 강력한 성장 에너지이자 무기로 자리잡았다.

웹 2.0에 맞서는 기업들의 등장

데이터를 기반으로 편리한 서비스를 제공해 주는 기업들은 특정 지역을 넘어 전 세계의 부를 가져갔다. 2019년 발표한 유튜브의 광고 매출은 151억 5,000만달러(약 18조원)이며, 이 중 우리나라에서 발생한 매출만 해도 1조원이 넘는다. 페이스북은 2021년 국내에서만 542억원의 매출을 올렸다.

물론 기업이 기업활동을 통해 돈을 잘 버는 것은 아무런 문제가 되지 않는다. 하지만 이런 기업들이 실질적인 일자리 창출에 도움이 되지 않는 것은 심각한 문제다. 《플랫폼 제국의 미래》 (2018)의 작가 스콧 갤러웨이는 이렇게 말한다.

> 시가총액 1,560억달러의 유니레버는 중산층 17만 1,000가구를 떠받치고, 시가총액 1,650억달러의 인텔은 중산층 10만 7,000명을 떠받친다. 반면 시가총액이 무려 4,480억달러인 페이스북의 직원은 겨우 1만 7,000명에 불과하다.

이처럼 웹 2.0 기업들은 기존 산업을 재편하며 창조적 파괴를 이어갔고, 덕분에 우리들은 수많은 혜택을 누릴 수 있게 되었지만 그 이면에는 일자리 파괴가 있었다. 우버와 리프트 같은 플랫폼 기업에서 일하는 노동자들이 정규직원으로 대우를 받아야 하느냐 아니냐의 문제가 지금까지 이어지는 것 역시 이 때문이다.

또 하나의 문제는 정보 보호 문제다. 2021년 아일랜드 데이터 보호위원회는 왓츠앱 메신저에 대해 개인정보 이슈로 2억 2,500만유로(약 3,090억원)의 벌금을 부과했다. 다음 해인 2022년 9월에는 인스타그램의 아동 개인정보 처리에 대해 4억 500만유로(약 5,500

억원)의 벌금을 부과하기로 했다. 우리나라도 마찬가지다. 2022년
9월 개인정보보호위원회는 구글과 메타(페이스북)에 개인정보보호
법규 위반으로 692억원과 308억원의 과징금을 부과했다. 이는 구
글과 메타만의 문제가 아니다. 이미 수많은 대기업들이 크고 작
은 개인정보 유출과 법규 위반의 문제에 노출되어 있고, 이에 대
한 해결책은 언제나 과징금이었다. 그리고 여기에 정작 당사자인
개인(이용자)들에 대한 보상은 거의 없는 것이 현실이다.

하지만 언제나 문제가 발생하는 곳에서 해결책이 탄생한다.
웹 1.0의 시대에 이들 기업에 도전하는 새로운 웹 2.0 기업들이
나타났듯이 웹 2.0의 강자들이 지배하고 있는 사회·경제구조를
비판하며 새로운 질서와 부를 얻기 위한 기업들이 등장하고 있
다. 이들의 공격 대상은 웹 2.0 기업들의 성장의 발판이자 약한
고리였던 '데이터 보호'와 이에 대한 책임이다. 이를 구체화시키
기 위한 무기가 바로 블록체인이다.

4
웹 3.0의 시대
(읽기, 쓰기, 소유의 시대)

웹 3.0과 블록체인

웹 3.0의 핵심인 블록체인 기술이 세상에 알려지기 시작한 건 2007년 서브프라임 모기지 사태 이후이다. 그런데 10년이나 지난 2017년을 웹 3.0의 시작점으로 보는 건 어떤 이유에서일까? 그 이유는 이때가 바로 전 세계적으로 비트코인과 암호화폐 열풍이 불었던 시기이기 때문이다. 2016년 12월 말 비트코인의 가격이 처음으로 100만원을 넘었고, 2017년에는 2,500만원까지 오르며 엄청난 상승률을 보였다. 덕분에 비트코인을 포함해 암호화폐에 대한 관심이 폭발적으로 늘어났다.

2015년 이더리움이 블록체인을 기반으로 만들 수 있는 디앱 (DApp, 블록체인을 기반으로 만들어진 앱)을 발표한 후 2017년부터 고양이 수집 게임인 '크립토키티'를 비롯해 다양한 디앱들이 등장했다. 암호화폐를 채굴하기 위한 수많은 채굴장들이 등장했던 시기도 이때였다.

대기업들은 의사결정에 오랜 시간이 걸리는 데 반해 스타트업

웹 2.0을 대체할 수 있는 웹 3.0 서비스들은 아직 보편화되지 않았지만 이미 존재하고 있다.

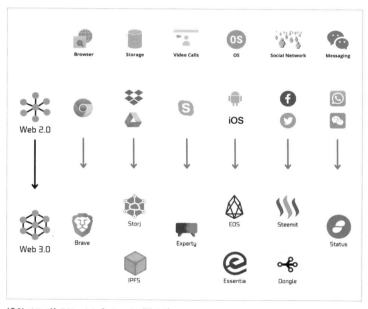

(출처 : http://wiki.hash.kr/index.php/웹_3.0)

들은 비교적 신속한 의사결정을 통해 블록체인을 기반으로 한 서비스를 빠르게 만들 수 있었다. 물론 코인을 둘러싼 크고 작은 사기도 있었지만 블록체인을 적용한 금융, 블록체인을 적용한 게임 등 다양한 분야의 웹 3.0 서비스로 빠르게 확장해 나갔다. 예를 들어 웹 2.0의 대표적인 웹 브라우저인 크롬은 브레이브로, 구글드라이브 등의 클라우드 서비스는 IPFS와 같은 웹 3.0 서비스로 대체가 가능하다.

이처럼 웹 3.0은 끝을 모르고 올랐던 암호화폐에 대한 기대, 차세대 기술로 각광받는 블록체인 네트워크에 대한 관심을 바탕으로 성장해 왔다.

웹 2.0 vs 웹 3.0

FAANG은 대표적인 웹 2.0 기업인 페이스북, 아마존, 애플, 넷플릭스, 구글을 통칭하는 용어로, 미국의 대표적인 IT 기업들을 말한다. 이들이 지금까지 엄청난 수익을 올릴 수 있었던 동력은 무엇일까?

바로 '데이터'다. 기업들은 매초 단위로 쌓이는 막대한 데이터를 분석해 알고리즘을 짜고, 이를 바탕으로 광고를 팔고 상품을 판다. 또 많은 사람들이 페이스북과 유튜브, 구글 사이트에 방문하게 하기 위해 크리에이터들에게 광고 수익을 지불한다. 유튜브를 예로 들면 더 좋은 영상, 더 볼만한 영상이 올라올수록 방문자는 늘고, 광고비는 높아지며, 크리에이터는 더 큰 수익을 올릴 수 있다. 그런데 정작 데이터를 제공하는 개인들에게 돌아오는 수익은 없다. 오히려 개인들은 광고를 보지 않기 위해 추가적인 돈(유튜브 프리미엄)을 지불해야 한다.

웹 2.0 기업들이 수익을 올리고 그 지위를 유지하는 또 하나의 방법은 '정책'이다. 예를 들어 유튜브는 크리에이터들의 수익창출 조건(시청시간 4,000시간, 구독자 수 1,000명)을 언제든 바꿀 수 있다. 애플은 앱스토어에서 정한 규정을 지키지 않을 경우 언제든 퇴출(앱스토어에서 강제로 앱을 내려버림)시킬 수 있다. 에픽게임즈의 대표 게임 '포트나이트'를 앱스토어에서 찾을 수 없는 이유다. 2022년 11월에는 NFT 거래에 있어서도 30% 수수료를 내야 한다는 규정이 추가되었다. 애플은 2021년 iOS 업데이트를 통해 앱 실행시 '사용자 이용기록, 검색 추적'에 대한 동의를 사용자들이 선택할 수 있도록 했다. 당연히 이용자들은 거절을 눌렀고, 이로 인해 페이스북 등의 플랫폼 기업들은 데이터를 확보하지 못해 매출 감소로 이어졌다. 그런데 애플은 자신들의 앱스토어, 애플TV 등에서 이용자의 정보 동의 없이 데이터를 수집해 논란이 되기도 했다.

이처럼 이용자 데이터의 확보에 따른 수익, 수익구조를 지탱하기 위한 강한 정책, 이 2가지가 웹 2.0 기업들의 핵심 수익모델이었다. 이에 대해 불만이 늘어나고, 크고 작은 각종 소송이 이어지고 있지만 이들이 만든 높은 성벽은 쉽게 무너지지 않았다.

　하지만 웹 3.0 기업들은 웹 2.0 기업들과 다른 방식으로 성장하고 있다. 이들은 처음부터 탈중앙화인 블록체인을 기반으로 서비스를 시작하다 보니 웹 2.0 기업에 비해 좀 더 자유롭고 창의적이며, 기존의 기업들과 다르다는 시대 반항적인 신선한 분위기를 가지고 있다. 웹 2.0 기업들이 이용자들에게 확보한 데이터를 가둬두고 자신들만 사용해 수익을 올린다면 웹 3.0 기업들은 자신들의 비즈니스에 이용자들을 참여시켜 정보를 공유하고 이에 대한 보상을 나누어 가진다. 이처럼 이용자와 파트너가 함께 성장하는 모델을 만들어 결국 서비스를 개발한 회사도 하나의 참여자로 네트워크를 유지하려 하는 게 가장 이상적인 웹 3.0 기업의 모델이다. 물론 웹 3.0 기업을 표방하지만 웹 2.0 기업처럼 정보를 독점하는 기업이 생기기도 하고, 기존의 웹 2.0 기업들이 웹 3.0의 장점인 커뮤니티를 가지고 성장하기도 한다(이를 웹 2.5 기업이라고도 하나 이 책에서는 웹 3.0으로 통일한다).

'참여' '공유' '보상'의 시스템이 작동하는 방식

그렇다면 웹 3.0 기업들이 돈을 벌고 함께 성장하는 '참여' '공유' '보상'은 어떻게 작동할까? 웹 3.0 기반의 인터넷 브라우저인 '브레이브_{Brave}'가 좋은 예다. 브레이브는 처음부터 '빅테크' 기업을 타깃으로 잡고 서비스를 시작했다. 빅테크 기업들이 이용자들의 데이터를 수집하고 이를 바탕으로 성장하는 것에 반발하며, 브레이브는 웹 사이트상의 트래커와 광고를 차단한다. 이로 인해 어떤 사이트에 접속해도 '애드블록(광고 차단)'을 이용할 수 있어 다른 브라우저보다 속도가 빠르다(브레이브에서는 크롬보다 3배 빠르다고 말한다).

광고 차단으로 빠른 속도를 자랑하는 브레이브

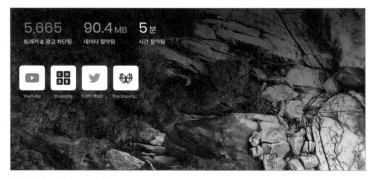

(출처 : https://brave.com)

브레이브의 장점에 공감한 사람들은 다른 사람들에게 브레이브를 '공유'하며 이들을 '참여'시킨다. 그렇다면 '보상'은 어떻게 이루어질까? 브레이브에서는 광고 차단 기능이 기본적으로 적용되지만 Brave Rewards 서비스를 활성화하면 브레이브가 선택한 일부 광고가 노출되며 BAT(베이직 어텐션 토큰)가 적립된다. 적립된 토큰은 다른 암호화폐로 교환하거나 마음에 드는 창작자에게 기부할 수 있고, 암호화폐 거래소에서 환전할 수도 있다. 이를 통해 A라는 이용자가 100만원 이상의 수익을 올렸다고 소문이 나면 더 많은 사람들에게 공유되고 더 많은 사람들이 참여하게 될 것이다 (브레이브 서비스의 특징과 창작자 페이지로 등록하는 방법에 대해서는 Part 3에서 더 자세히 확인해 보자).

브레이브에서 보상을 받을 수 있는 Brave Rewards 서비스

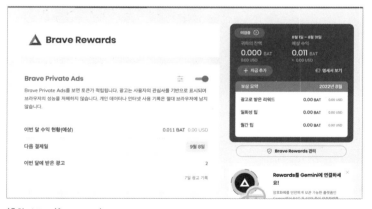

(출처 : https://brave.com)

이처럼 참여·공유·보상 시스템이 자리잡게 되고, 브레이브의 이용자들이 점점 늘어나게 되면 크롬의 이용률은 줄어들 수밖에 없다. 기존의 웹 2.0 기업들이 웹 3.0 기업들의 성장을 지켜만 볼 수 없는 이유다.

웹 3.0에 대한 우려

웹 3.0에 대한 가장 큰 우려는 아마 웹 3.0의 시대가 오더라도 기존 웹 2.0 기업들이 결국 모든 것을 장악하지 않겠냐는 것이다. 차고에서 탄생한 애플이 왕좌의 자리에 올랐던 것처럼 기존 웹 2.0 기업과는 다른 새로운 기업들이 나타나길 바라지만 이는 생각처럼 쉬운 일은 아니다.

2021년 12월 테슬라의 CEO 일론 머스크와 당시 트위터의 CEO였던 잭 도시가 트위터에서 '웹 3.0은 실체 없는 마케팅 용어' '헛소리'라며 웹 3.0을 비난하는 글을 올린 건 이에 대한 우려로 봐야 한다.

여기서 잭 도시가 이야기한 'between A and Z'라는 말은 알파벳을 이야기하는 것이 아니라 마크 앤드리슨과 벤 호로위츠가 세운 벤처캐피탈의 이름인 앤드리슨 호로위츠$_{a16z}$를 겨냥한 말이다.

웹 3.0에 대한 우려를 나타낸 일론 머스크와 잭 도시의 트윗

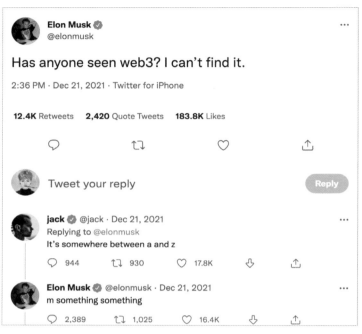

이 회사는 리플, 코인베이스, 오픈바자, 미디어체인랩, 유가랩스 BAYC NFT 등 다양한 웹 3.0 기업들에 투자를 한 곳이다.

　새로운 웹 3.0 기업들은 기존의 웹 2.0 기업들이 가진 중앙집 권적인 구조를 벗어나 이용자들의 참여 기회와 공정한 수익 배 분을 가능하게 하리라는 기대를 받고 있다. 그런데 a16z와 같은 거대 벤처캐피탈들이 더 많은 수익을 얻게 되고, 회사 운영에 대한 더 많은 발언권을 가지게 된다면 결국 웹 2.0 기업의 중앙집권화와 다를 바 없게 된다. 잭 도시와 일론 머스크의 트윗은 이러한 웹 3.0에 대한 기대와 혁신이 꺾이는 것에 대한 우려라고 볼 수 있다.

이처럼 웹 2.0 시대의 기업들은 웹 3.0 시대에도 강자로 남아 있기를 원하고, 웹 3.0 기업들은 자신들이 그 위치를 차지하려 한다. 그리고 개인들 역시 웹 2.0 시대에는 가지지 못한 기회들을 웹 3.0 시대에는 가지려 한다. 과연 승자는 누가 될 수 있을까?

이를 알기 위해서는 먼저 웹 3.0을 구성하는 기술과 이를 어떻게 활용할 수 있는지에 대해 살펴볼 필요가 있다.

웹 3.0을 구성하는 기술

웹 3.0을 구성하는 기술들은 상당히 복잡하고 어렵다. 하지만 이들 전부를 알아야 관련 사업을 이해할 수 있는 건 아니다. 꼭 알아야 하는 기술들 위주로 간단히 살펴보자.

■ **블록체인 Block Chain** : 블록체인은 웹 3.0의 핵심기술이다. 기업에 있어서는 분산 서버를 통해 취약한 보안 부분을 강화할 수 있고, 무엇보다 토큰과 NFT 발행으로 고객들을 끌어들일 수 있다.

■ **디앱 DApp** : 댑이라고도 한다. 디앱은 블록체인을 기반으로 만들어지는 수많은 앱 서비스들을 부르는 말이다.

■ **다오 DAO** : 탈중앙화된 조직을 이야기하는 DAO는 웹 3.0을 기반으로 한 매력적인 합의체다. 매력적인만큼 이에 대한 비판도 많다.

■ **코인과 토큰 Coin & Token** : 웹 3.0의 핵심요소인 '보상'을 주기 위해서는 코인과 토큰의 발행이 필요하다. 물론 지금도 많은 기업에서 포인트를 적립해 주고 있

웹 3.0 – 참여, 공유, 보상이 가져오는 새로운 미래

지만 각 기업의 포인트는 사용처가 적고 거래소를 통해 거래되지 못한다.

■ **대체불가토큰 NFT** : NFT의 속성은 토큰과 같지만, 대체할 수 없는 유일무이한 디지털 재화에 대한 인증서라는 특징을 가지고 있다. 수많은 디지털 아이템들에 원본임을 입증해 주어 거래가 가능하게 만든다. NFT는 투자의 대상이자 특정 사이트에 접속할 수 있는 멤버십으로도 사용된다.

■ **암호화폐 지갑 Wallet** : 웹 3.0 기반 서비스에 빠르게 접속하기 위해서는 월렛이 필수적으로 필요하다. 보상으로 받은 토큰이나 DAO 구성원임을 입증하는 NFT 등 다양한 것들을 지갑에 소유할 수 있다. 무궁무진한 확장성을 가지고 있기 때문에 각 기업들마다 자체적인 지갑을 만들고 있다.

■ **디파이 De-fi** : 기존 금융시스템을 블록체인 방식으로 구현한 웹 3.0 금융이다. 은행에 현금을 맡기는 것처럼 코인과 토큰, NFT를 디파이 업체에 맡기고 이에 대한 수익을 얻는다.

■ **메타버스 Metaverse** : 블록체인에 기반을 두고 만들어진 메타버스와 아바타는 또 다른 나를 표현하는 수단이자 코인을 기반으로 한 경제활동이 가능한 세상이 된다.

WEB 3.0

PART 2

웹 3.0의
핵심기술

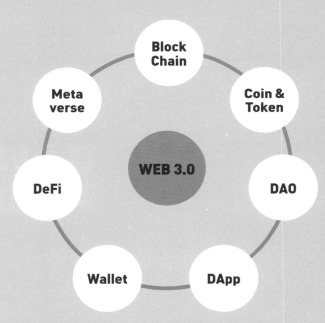

1

블록체인
(Block Chain)

웹 3.0에서 블록체인을 핵심이라고 하는 이유는 무엇일까?

작고 빠른 스타트업들은 블록체인의 탈중앙화를 통해 누구나 자신의 데이터를 직접 관리할 수 있음을 강조한다. 또 블록체인을 이용해 발행되는 토큰을 통해 멤버십을 증명하는 수단으로 쓸 수 있고, 금융거래를 대신할 수도 있다고 말한다. 모두 맞는 말이지만 스타트업들이 블록체인을 필요로 하는 진짜 이유는 기존 인터넷 기업들의 플랫폼이 아닌 새로운 플랫폼에서 승부를 보기 위함이고, 자금조달의 수단이자 코인 발행을 통해 이용자들이 지속적으로 서비스 안에 남아있게 하기 위해서다. 기존 웹 2.0 기업들역시 블록체인을 통해 새로운 사업으로 확장할 수 있고, 이용자들에게 코인과 멤버십 등의 혜택을 줌으로써 로열티를 강화하는 용도로 쓸 수 있다.

이들이 경쟁하는 웹 3.0의 세상을 이해하기 위해서는 먼저 블록체인에 대해 이해할 필요가 있다.

우리 주변의 블록체인

블록체인은 이미 우리 실생활의 많은 영역에서 활용되고 있다. 코로나가 심했던 2021년, 전 국민이 스마트폰에 다운받아 자신의 접종 사실을 증명해야 했던 질병관리청의 COOV(QR코드 앱)는 블록체인 기반의 인증방식이었다. 교보생명은 국내 최초로 보험금 지급에 블록체인 기반의 인증을 적용했고, 노원구는 2018년에 이미 블록체인 기반의 지역화폐 노원NW을 출시했다. 그리고 금융서비스에 로그인할 때 자주 이용하는 카카오페이 인증, 자격증은 물론 주민등록등본 등의 전자문서를 저장할 수 있는 카카오톡 전자지갑 역시 블록체인을 기반으로 한 기술이다.

이외에 일상생활에서 블록체인을 활용할 수 있는 예를 살펴보자. 2022년 8월 강남 일대가 잠길 만큼 갑작스러운 집중호우로 인해 많은 차들이 심각한 피해를 입었다. SNS에서는 당분간 중

블록체인을 활용해 인증서비스를 하고 있는 카카오페이

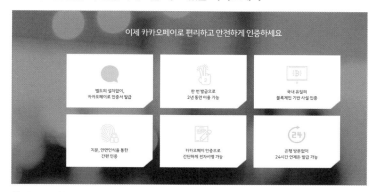

(출처 : https://kakaopaysign.dozn.co.kr)

고차 거래를 할 때 침수차량을 구입하게 될지도 모르니 주의하라 는 이야기가 전해졌다. 그런데 일반인들은 어떤 차가 침수차량인 지 정확히 알기 어렵다. 이때 차량의 출고에서부터 사소한 오류, 고장, 수리내역 등 다양한 사항들을 블록체인으로 기록하는 것이 의무화된다면 어떨까? 블록체인에 담긴 자료들은 쉽게 위조·변 조·복제되지 못하기 때문에 신뢰할 수 있다. 중고차 구매자들은 이를 토대로 좀 더 신중하게 거래할 수 있게 될 것이다.

블록체인의 등장

블록체인을 이해하기 위해서는 블록체인이 등장하게 된 배경을 살펴볼 필요가 있다.

위기는 항상 기회를 동반하고 구 체제에 대한 불신은 신 체제에 대한 새로운 믿음으로 이어진다. 2007년 리먼 브라더스 사태, 서브프라임 모기지가 불러온 금융위기는 기존 금융에 대한 신뢰를 무너트렸다. 절대로 망하지 않을 거라 믿었던 대형 금융회사들이 쓰러지며 하루아침에 실직자가 된 사람들이 미국에서만 800만 명을 넘었다. 더 큰 문제는 금융기관에서 돈을 빌린 사람들과 돈을 빌려야 하는 사람들이었는데, 은행은 대출 회수가 어렵게 되자 신규대출을 중단했다. 이때 결제·송금·대출 등 기존 은행들이 가졌던 영역 중 일부를 가져온 작고 빠른 핀테크 업체들은 이 시기를 기점으로 쉽고 간편한 서비스를 제공해 빠르게 성장할 수 있었다.

당시 미국 중앙은행은 달러를 마음대로 찍어내며 시장에 적극적으로 개입했다. 달러는 전 세계 기축통화의 지위를 가지고 있는데, 미국이 자신들이 필요할 때마다 달러를 찍어낸다면 시장의 신뢰는 무너질 수밖에 없다. 이에 대해 반감을 가지고 적극적으로 움직인 사람들 중에는 아직도 베일에 쌓여 있는 비밀의 인물

Bitcoin : A Peer-to-Peer Electronic Cash System

비트코인: 개인 대 개인 전자 화폐 시스템

Satoshi Nakamoto
satoshin@gmx.com
www.bitcoin.org

Translated in Korean from bitcoin.org/bitcoin.pdf
by Mincheol Im

초록. 순수한 개인 대 개인 버전 전자 화폐는 금융기관을 거치지 않고 한 쪽에서 다른 쪽으로 직접 전달되는 온라인 결제(payments)를 실현한다. 전자 서명은 부분적인 솔루션을 제공하지만, 만일 이중지불(double-spending)을 막기 위해 여전히 신뢰받는 제 3자를 필요로 한다면 그 주된 이점을 잃게 된다. 우리는 개인 대 개인 네트워크를 사용해 이중지불 문제를 해결하는 솔루션을 제안한다. 이 네트워크는 거래를 해싱해 타임스탬프를 찍어서 해시 기반 작업증명(proof-of-work)을 연결한 사슬로 만들고, 작업증명을 재수행하지 않고서는 변경할 수 없는 기록을 생성한다. 가장 긴 사슬은 목격된 사건의 순서를 증명할 뿐아니라, 그게 가장 광대한 CPU 파워 풀에서 비롯했음을 증명하기도 한다. 과반의 CPU 파워가 네트워크 공격에 협력하지 않는 노드에 통제되는 한, 그 힘은 가장 긴 사슬을 만들어내며 공격자를 압도한다. 이 네트워크 스스로는 최소한의 구조만을 요구한다. 메시지는 최선의 노력을 다해(on a best effort basis) 퍼져나가고, 노드는 자기가 빠진 사이에 벌어진 거래의 증명으로 가장 긴 작업증명 사슬을 채택함으로써 뜻대로 네트워크를 떠났다가 재합류할 수 있다.

(출처 : https://bitcoin.org/en/bitcoin-paper)

'사토시 나카모토'가 있었다.

그는 2008년 10월 'Bitcoin : A Peer to Peer Electronic Cash System'이라는 이름의 9페이지짜리 글을 공개한 후 2009년 첫 번째 블록을 생성하며 블록체인과 비트코인의 시대를 열었다(그의 글은 https://bitcoin.org/en/bitcoin-paper 사이트에서 영어로 된 원문은 물론 한국어를 포함해 전 세계 언어로 번역된 내용을 확인할 수 있다).

Part 2 웹 3.0의 핵심기술   **55**

비트코인 페이퍼로 보는 블록체인의 핵심

사토시 나카모토의 비트코인에 대한 페이퍼가 반드시 지켜야 하는 블록체인 업계의 바이블은 아니다. 하지만 이후 등장한 이더리움부터 클레이튼 등 다양한 블록체인의 기준이 되었기에 이해하기 어렵더라도 한 번은 읽어 볼만한 가치가 있다. 페이퍼에서 언급된 주요내용을 통해 전체적인 블록체인의 핵심을 정리해 보자.

1) 제3자 없이도 신뢰할 수 있는 거래구조

여기서 말하는 제3자는 기존의 금융기관을 의미한다. 비트코인 백서에서는 '인터넷 기반 상거래는 전자결제를 처리할 신뢰받는 제3자 역할을 거의 전적으로 금융기관에 의존해 왔다. 이 시스템은 대다수 거래에 충분히 잘 동작하지만, 여전히 신뢰 기반 모델의 태생적 약점을 극복하지 못한다. 금융기관은 분쟁 중재를 피할 수 없기에, 완전한 비가역거래는 실제로 가능하지 않다.'라며 블록체인을 통한 해결책을 이야기했다.

이후 이더리움이 등장하며 스마트 컨트랙트라는 강제계약을 블록체인에 포함할 수 있게 되었고, 다양한 거래에서 금융기관과 제3자에 해당하는 중개기관 모두를 배제할 수 있는 가능성을 제시했다. 예를 들어 부동산 거래를 할 때 우리는 거래당사자 둘

이 만나 계약서를 작성하기보다는 공인중개사를 중개인으로 두고 계약을 한다. 거래상대방을 믿을 수 없기 때문이기도 하고, 거래물건에 하자가 없음을 제3자인 공인중개사에게 증명받기 위함이기도 하다. 그리고 계약서 작성과 잔금 입금이 끝난 후에는 거래내용을 확실히 하기 위해 정부기관의 '등기부등본'에 등록을 한다. 이 작업까지 끝나야 거래가 완료된다.

이처럼 부동산 거래가 마무리되기 위해서는 매도자와 매수자, 공인중개사, 대출을 해주는 은행 직원, 등기를 위한 법무사 직원, 등기를 해주는 등기소 직원까지 최소 6명이 필요하다. 현금의 이동 역시 복잡한데, 은행 직원은 매수자에게 대출금을 입금하고, 매수자는 매도자에게 잔금을 치르며, 중개수수료와 법무사 수수료를 지급한다. 등기소에는 수수료 및 각종 인지세를 내야 한다.

하지만 블록체인에 의한 거래에서는 스마트 컨트랙트(강제계약)에 의해 각종 등록에 필요한 절차와 불필요한 자금의 이동을 한 번에 해결할 수 있다. 거래에 대한 믿음 역시 위조·변조·복제할 수 없는 블록체인에 대한 신뢰로 대체된다.

2) 검증을 위해 모든 내역을 투명하게 공개

블록체인을 신뢰하는 가장 큰 이유 중 하나는 '투명성'이다. 누구나 거래내역을 볼 수 있고, 검증할 수 있게 공개되어야 한다. 그런데 이 부분에서 블록체인에 대한 우려가 생긴다. 어떤 회사든 자신들이 처리한 결정에 대해 모든 것을 공개하고 싶어 하지는 않는다. 반대로 투자자나 거래상대방의 경우에는 모든 것을 알고 싶어 한다. 뒤에서 이야기할 프라이빗(폐쇄형) 블록체인이 필요해진 이유이기도 하다.

3) 블록 안의 첫 거래는 블록을 만든 이의 몫이 될 새 화폐로 시작하는 특별한 거래

비트코인 백서에는 '관례상 블록 안의 첫 거래는 블록을 만든 이의 몫이 될 새 화폐로 시작하는 특별한 거래다. 이는 화폐를 발행하는 중앙기관 없이, 노드(네트워크에 참여하는 모든 사용자)가 네트워크를 지원할 인센티브를 더해 주며 초기에 발행한 화폐를 유통할 방법을 제공한다. 새 화폐를 일정량 꾸준히 추가하는 것은 금 채굴자가 유통하는 금을 추가하기 위해 자원을 소비하는 것과 유사하다. 블록체인을 유지하기 위해 소비되는 것은 CPU 시간과 전기다.'라고 언급되어 있다.

이처럼 제3자 없이 모두가 공유하는 투명한 거래는 좋은 시스템일 수 있지만 여기에도 문제가 있다. 은행이나 중앙정부의 경우 자신들의 서버를 이용하고 자신들의 인력을 활용해 거래관계를 보관하고 유지하며 입증한다. 그리고 이에 대한 대가로 수수료나 세금을 부과한다. 그런데 블록체인 네트워크는 탈중앙화 방식이다 보니 비용을 부담하는 주체가 없다. 그럼 누가 비용을 부담하는 걸까? 이를 위해서는 개개인들이 자신의 컴퓨팅 파워를 제공하는 자발적인 참여가 필요하다. 이때 참여에는 보상이 따라야 하는데, 사토시 나카모토는 이를 금 채굴에 비유하며 '비트코인'으로 보상을 제안했다.

지금까지의 내용을 정리해 보자. 블록체인과 비트코인은 탈중앙화를 위한 도구다. 그리고 이 도구가 유지되기 위해서는 자신의 컴퓨터와 전기요금 등의 비용을 자발적으로 내는 사람들이 있어야 한다. 이에 대한 인센티브로 비트코인이 주어졌다. 이렇다 보니 1세대 블록체인에서 비트코인은 블록체인이 유지되기 위한 필수조건이었다.

퍼블릭 블록체인 vs 프라이빗 블록체인

이미 잘 운영되는 서비스를 가지고 있는 기업과 조직이 굳이 블록체인을 사용할 필요가 있을까? 블록체인의 탈중앙화는 지금까지 애써 중앙화시킨 자신들의 시스템을 무너트리는 것과 같다.

블록체인에서 이야기하는 분산장부라는 것은 말이 좋아서 분산장부이지 모든 정보를 투명하게 공개해 모두가 볼 수 있게 공유한다는 것이다. 이는 보안을 필수로 하는 기업과 조직에는 불편한 일이다. 그럼에도 불구하고 최근 들어 블록체인을 도입하는 기업과 정부기관이 점점 늘고 있다. 이때 대부분 퍼블릭이 아닌 프라이빗 블록체인으로 도입하는데, 기업이 직접 제작해 사용하는 블록체인의 경우에는 참여자들에게 별다른 보상을 줄 필요가 없어 굳이 코인을 발행하지 않아도 되기 때문이다.

코인은 블록체인을 필요로 하지만 블록체인은 코인이 없어도 존재할 수 있는 이유다. 블록체인의 두 종류인 퍼블릭 블록체인과 프라이빗 블록체인에 대해 알아보자.

1) 퍼블릭 블록체인

퍼블릭 블록체인은 퍼블릭public이라는 말 그대로 대중적인 블록체인을 말한다. 누구나 네트워크에 참여할 수 있고, 이에 대한 보상을 받아갈 수 있다. 비트코인이나 이더리움 등의 코인이 이에 해당한다.

누구나 참여할 수 있다는 장점을 가지는 반면, 참여자들로 인해 수많은 거래가 생겨날수록 네트워크 속도가 계속 느려진다는 단점을 가진다. 마치 새벽에는 뻥뻥 뚫리던 고속도로가 출근시간

퍼블릭 블록체인의 대표 코인, 이더리움

이 되면 수많은 차들로 교통체증이 일어나는 것과 같다.

블록체인은 참여자에 대한 보상으로 네트워크가 유지되다 보니 코인의 가격 상승과 하락에 쉽게 영향을 받는다. 특히 퍼블릭 블록체인의 경우 참여자의 숫자가 중요한데, 코인 가격이 등락하게 되면 불안감을 느낀 참여자들이 쉽게 떠나기 때문에 사업의 지속성을 유지하기가 쉽지 않다.

2) 프라이빗 블록체인

프라이빗 블록체인은 프라이빗private하게 인가받은 일부 사람들만 연결될 수 있는 폐쇄형 블록체인이다. 블록체인 기술의 분산장부라는 장점만을 채택한 방식으로, 블록체인이 운영되는데 필요한 비용은 네트워크에 참여한 사람들이 부담하게 된다. 따라서 한 회사에서 자체적으로 블록체인을 만들어 사용할 수도 있고, 몇몇 회사가 공동으로 블록체인 네트워크에 참여해 각자 부담하는 형태로 진행할 수도 있다.

프라이빗 블록체인은 빠른 속도, 정보 보안, 문제해결 그리고 코인 미발행이라는 장점을 가지고 있다. 즉, 퍼블릭처럼 불특정 다수가 노드를 유지할 필요가 없다 보니 속도가 빠르다. 또 누구나 볼 수 있게 공개되어 있지 않으니 정보 보안 면에서도 안전하다. 혹시라도 문제가 생겼을 경우 프라이빗 네트워크에 참여한 당사자들끼리 협의를 하면 쉽게 문제를 해결할 수 있다는 것도 장점이다. 그리고 네트워크에 참여하는 참가자들이 각자의 책임과 비용을 부담하면 되기 때문에 보상에 필요한 코인을 발행할 필요도 없다. 코인이 없기 때문에 가격상승, 하락, 유지에 대한 부담도 없다.

프라이빗 블록체인은 앞서 이야기했던 백신접종 인증 앱 쿠브 coov가 대표적이다. 카카오톡의 '지갑'과 네이버의 '인증' 역시 마찬가지다. 이를 통해 백신접종 인증은 물론 주민등록등본 등의 서류와 각종 자격증, 신분증을 대체할 수 있다. 이렇게 자신의 신원을 증명할 수 있는 기술을 DID(Decentralized Identifier, 탈중앙화 신원증명)라고 한다.

'카카오페이 인증' 역시 블록체인 기술이다. 2017년 처음 출시되었을 때는 비트코인 네트워크를 사용했지만 이후 하이퍼레저 패브릭으로 변경했고, 2018년 말에는 자회사 그라운드X에서 개발한 클레이튼 블록체인 네트워크를 이용하고 있다. 인증의 편의성 때문에 금융감독원, 병무청, 하나손해보험, 국세청을 비롯해 800개가 넘는 기관에서 이를 인증시스템으로 사용하고 있다.

프라이빗 블록체인은 유통과정의 투명성이 중요한 먹거리 제품에도 이용되고 있다. 삼진어묵의 경우 후쿠시마 원전 사고 이후 어묵 재료의 원산지에 대한 불안감이 있을 때 삼성SDS의 블록

카카오페이 인증기술을 적용한 홈텍스 간편인증

(출처 : https://www.hometax.go.kr)

체인을 도입했다. 이를 통해 생선의 조업, 가공, 수출입, 어묵 생산 등의 각 과정을 블록체인에 기록해 원산지에 대한 위조와 변조를 막고 유통경로를 쉽게 파악할 수 있다. GS리테일에서 판매한 '산지애 사과'도 블록체인 방식이 적용된 사례다.

명품 하면 떠오르는 루이비통, 카르티에, 프라다와 같은 회사들은 언제나 가짜와의 전쟁을 벌여야 한다. 이때 블록체인은 진품을 인증할 수 있는 좋은 수단이 된다. 그래서 이들은 AURA(아우라) 블록체인 컨소시엄을 통해 제작·유통 과정과 진품 인증을 진행할 예정이다.

정리해 보면 퍼블릭 블록체인은 블록체인의 초기 목적인 공유와 개방, 탈중앙화에 맞춘 서비스이고, 프라이빗 블록체인은 특정 사용자들만의 정보를 공유하되 블록체인의 장점인 위조·변조 불가라는 장점을 가지고 있는 서비스다. 이런 점 때문에 자유로운 참여가 불가능한 프라이빗 블록체인은 진정한 블록체인이 아니라고 보는 견해도 있다.

블록체인의 검증방법

코인은 '채굴'과 '거래'의 2가지 방식으로 얻을 수 있다. 거래는 암호화폐 거래소에서 현금으로 코인을 사고파는 방식으로 가장 쉬운 방법이고, 채굴은 광산에서 금을 채굴하듯 블록체인 네트워크 안에서 거래내역의 검증절차에 참여해 코인을 얻는 방식을 말한다.

검증방법의 경우 열심히 일(검증)을 해서 이에 대한 보상으로 코인을 받으면 작업증명**PoW**이라 하고, 보유하고 있는 코인의 지분에 따라 검증에 참여해 보상을 받으면 지분증명**PoS**이라 부른다. 웹 3.0에서 검증방법을 알아야 하는 이유는 검증방법이 블록

비트코인의 거래와 프로세싱

거래 - 개인 키

'거래'란 블록체인에 기록되는 **비트코인 지갑들간의 가치의 이동**입니다. 비트코인 지갑들은 *개인 키* 또는 씨드라고 하는 비밀정보를 가지고 있습니다. 거래를 승인하는데 사용하는 이 정보는 지갑의 소유주가 거래에 서명했다는 수학적인 증거입니다. '*서명*'은 또한 비트코인 거래가 승인된 이후에 거래가 타인에 의해 변조되지 않도록 방지하는 역할을 합니다. 모든 거래는 모든 유저에게 알려지고 '*채굴*'이라고 하는 단계를 거쳐 10분안에 비트코인 네트워크에 의해 그 내역이 확인됩니다.

프로세싱 - 채굴

'채굴'은 대기중인 거래를 블럭 체인에 포함시킴으로써 거래를 *승인*하는 **분산 합의 제도**입니다. 블럭 체인에 시간적인 나열을 강제하고, 네트워크의 중립성을 보호하며, 서로 다른 컴퓨터들이 시스템의 상태에 대해 동의하도록 합니다. 승인이 이루어지려면, 거래는 네트워크에 의해 검증되는 매우 엄격한 암호화 규칙을 만족하는 *블럭*에 반드시 포함되어야 합니다. 이 암호화 규칙은 이전의 블럭들이 변경되는 것을 방지하는데 이는 이러한 변경들이 나중에 연산되는 모든 블럭들을 무효화하기 때문입니다. 채굴은 또한 경쟁적 복권과 같은 것을 생성하여 어떤 개인도 연속하여 새 거래 블럭을 블럭 체인에 더할 수 없게 방지합니다. 이같이 어떤 개인도 블럭 체인에 포함된 것을 통제하거나 자신의 지출을 되돌리기 위해 블럭 체인의 일부를 대체할 수 없습니다.

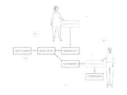

(출처 : https://bitcoin.org/ko/how-it-works)

체인의 속도와 더 나아가 안정성에 영향을 미치기 때문이다. 예를 들어 게임 아이템을 하나 거래하는 데 몇십 분이 걸리고, 수수료도 많이 발생된다면 사람들은 그 블록체인을 이용하지 않을 것이다.

1) PoW(작업증명) 방식

작업증명Proof of Work은 말 그대로 내가 열심히 일했다는 것을 증명하고, 이에 대한 보상을 받는 방식을 말한다. 여기에서 일이란 블록체인 거래에 대한 검증이다.

네트워크 참여자들은 자신들이 가진 컴퓨터를 활용해 거래내역을 검증하게 되는데, 가장 빠르게 검증에 성공한 컴퓨터는 암호화폐를 보상으로 받게 된다. 비트코인을 예로 들면 2009년 첫번째 비트코인이 나올 때만 해도 집에 있는 노트북으로도 작업을 증명해 채굴할 수 있었지만, 지속적으로 난이도가 높아지며 이를 검증하기 위한 컴퓨팅 파워 역시 높아지게 되었다. 결국 블록체인 거래를 검증하는 하나의 일에 수많은 컴퓨터가 동원되며, 전기는 물론 열에너지도 어마어마하게 사용되다 보니 환경오염의 주범이란 비난을 받게 되었다.

PoW 방식을 사용하고 있는 대표적인 코인은 비트코인과 라이트코인, 제트캐시 등이 있다.

2) PoS(지분증명) 방식

지분증명**Proof of Stake**에서 지분이란 암호화폐의 보유 비중을 말한다. 지분증명 역시 작업증명처럼 거래에 참여한 컴퓨터들이 거래내역에 대한 검증절차를 가지는 것은 같다. 그런데 이때 모든 컴퓨터가 검증을 하는 게 아니라 지분에 따라 검증에 참여할 수 있는 기회를 가진 컴퓨터만 검증을 할 수 있다. 예를 들어 금광이 있는데, 이 금광에 들어가 금을 캘 수 있는 사람들은 이미 금광에 대한 지분을 가지고 있는 사람들 중에서만 가능하다는 것과 같다. 따라서 지분증명에서는 지분이 많을수록 암호화폐를 채굴할 수 있는 가능성도 많아지게 된다.

지분증명은 작업증명에 비해 컴퓨팅 파워를 덜 필요로 하기 때문에 효율적이다. 다만 지분을 많이 가지고 있는 사람들만 암호화폐를 얻을 기회를 더 많아지기 때문에 부익부 빈익빈이 심해진다는 단점이 있다.

PoS 방식을 사용하고 있는 대표적인 코인은 이더리움, 에이다, 테조스 등이 있다.

참고로 2022년 3월 말 그린피스는 리플을 개발한 크리스 라슨과 함께 PoW 방식의 비트코인 채굴방식을 PoS로 바꾸자는 'Change the Code : not the climate' 캠페인을 펼쳤다. 이더리움도 PoW 방식의 체인이기에 비난의 대상이 되어야 했으나 이더

그린피스의 'Change the Code : not the climate' 캠페인

(출처 : https://www.greenpeace.org)

리움은 PoW 방식을 PoS로 바꾸는 '머지' 업데이트를 준비 중이었고, 2022년 9월 업데이트에 성공했기에 비난에서 자유로울 수 있었다(이에 대해 PoW 방식으로 채굴을 하던 채굴장들은 당연히 반대할 수밖에 없었고, 이 때문에 이더리움은 PoS 방식의 ETH와 PoW 방식의 ETHW 두 가지로 나뉘게 되었다).

3) DPoS(위임지분증명) 방식

위임지분증명Delegated Proof-of-Stake 방식은 기본적으로 PoS를 따르지만 모든 참여자의 검증을 요구하는 게 아니라 특정 위임을 받은Delegated 노드만으로 검증하는 방식이다. 모든 사람이 검증하

는 것과 일부 사람이 검증하는 것은 속도 차이가 날 수밖에 없다. 매순간 정책 결정에 대해 전 국민이 투표를 할 수 없기에 국민을 대표하는 국회의원을 뽑아 참여를 위임하는 간접 민주주의 방식을 생각하면 된다.

다만 블록체인의 초기 정신인 '탈중앙화'에는 맞지 않는다는 단점이 있다. 소수의 노드들만 검증을 하게 된다면 PoS 방식보다도 더 블록체인에 대한 핵심권력이 집중되고 수익도 집중되는 일이 발생하기 때문이다.

DPoS 방식을 사용하고 있는 대표적인 코인은 트론, 이오스, 리스크, 클레이튼 등이 있다.

블록체인 관련 필수용어

■ **R3 코다**(https://www.r3.com)

R3라는 회사가 만든 분산원장 기술을 코다Corda라고 한다. 그리고 이를 바탕으로 한 블록체인 플랫폼을 '코다 플랫폼'이라고 하며, R3 코다는 대표적인 금융회사들의 컨소시엄이다. 탈중앙화를 기치로 내걸었던 블록체인과 금융회사의 조합이 왠지 어색해 보이기도 하지만 금융회사들도 블록체인을 연구하지 않을 수 없는 상황이다. 사업 초기에는 JP모건, UBS, 골드만삭스 등 9개의 기관들이 투자를 했고, 지금은 80개 이상의 회사들이 참여한 대형 컨소시엄이 되었다. 우리나라에서도 하나, 신한, IBK, 우리, KB 등 다양한 금융사들이 참여하고 있다.

2022년 초 암호화폐 거래소 빗썸, 코인원, 코빗에 적용된 '트래블룰' 솔루션에도 코다 블록체인이 쓰였다. 향후 해외 송금 등 다양한 분야에서 사용될 것으로 예측되고 있다.

■ **하이퍼레저 패브릭**HYPERLEDGER FABRIC

하이퍼레저 패브릭은 가장 유명한 블록체인 프로젝트 중 하나로, 참여자들만 공유해 사용하는 프라이빗 블록체인이다.

IBM의 FOOD TRUST가 하이퍼레저 패브릭으로 구성되어 있는 대표적인 서비스인

데, 이를 통해 공급망 효율화, 브랜드 신뢰도 향상, 식품 안전 보장의 3가지를 달성하는 것을 목표로 한다.

다날의 페이코인Paycoin 역시 하이퍼레저 패브릭 기반의 자체 메인넷을 만들어 페이코인과 관련한 서비스들에 이용하고 있다. 이외에도 많은 회사들이 이 블록체인을 활용해 서비스를 진행하고 있다.

하이퍼레저 패브릭 홈페이지

(출처 : https://www.hyperledger.org)

■ **클레이튼(https://www.klaytn.foundation)**

클레이튼은 카카오 계열사 그라운드X에서 2019년 6월 정식으로 론칭한 블록체인이다. 따라서 카카오의 블록체인이라고 생각하면 이해하기 쉽다. 클레이튼은 글로벌 퍼블릭 블록체인 플랫폼을 지향하고 있어 누구나 클레이튼을 이용해 연결되는 다양한 앱을 만들 수 있다. 클레이튼을 기반으로 발행되는 암호화폐 클레이KLAY는 비트코인과 다르게 발행량에 제한이 없다(총 100억 개 정도로만 알려져 있다). 카카오를 비롯해, LG전자, 셀트리온, 위메이드, SK네트웍스 등의 회사들이 클레이튼 거버넌스 카운슬로 참여해 있는데, 카운슬에서 하는 주요 역할은 클레이튼에 대한 주요 의사결정과 운영이다.

클레이튼을 퍼블릭으로 만든 이유는 수많은 회사들이 참여해 클레이튼 방식으로 앱을 개발하고 서비스를 확장할 경우 클레이튼은 앱스토어나 플레이스토어처럼 글로벌 플랫폼으로 자리매김할 수 있기 때문이다.

클레이튼 홈페이지

(출처 : https://www.klaytn.foundation)

■ 네이버(라인) 블록체인(https://link-chain.co.kr)

네이버는 국내가 아닌 일본 자회사 라인을 통해 블록체인을 서비스하고 있다. 이를 링크체인이라 부르는데, 이를 통해 발행하는 암호화폐 '링크'는 10억 개 정도의 발

웹 3.0 – 참여, 공유, 보상이 가져오는 새로운 미래

행량을 가지고 있다. 링크체인은 프라이빗 블록체인으로 운영되며, 라인에서 의사

결정 권한을 가지고 있다. 따라서 링크체인을 이용해 앱을 개발하고자 하는 회사들

은 라인의 승인 절차를 거쳐야 한다. 그렇다 보니 이 앱들은 모두 라인 메신저와 연

동이 되는 장점을 가지고 있다.

링크체인의 계획을 담고 있는 백서White paper를 보면 환전 기능, 결제시스템 제휴,

DApp 서비스와 활용을 이야기하고 있는데, 라인은 카카오와 다르게 모든 블록체인

네트워크에 대한 의사결정과 확장성을 자신들이 가지고 가겠다는 의도로 보인다.

2
코인과 토큰
(Coin & Token)

웹 3.0에서는 서비스의 확장성과 수익성을 위해 '참여'한 사람들에게 코인과 토큰으로 '보상'을 한다. 그런데 코인과 토큰은 어떤 차이가 있을까?

코인과 토큰의 차이

코인Coin은 자체적으로 메인 블록체인 네트워크(메인넷)를 가지고 발행하는 것을 말하며, 토큰Token은 자체적인 블록체인 없이 다른 블록체인을 빌려 발행하는 것을 말한다. 예를 들면 자기 건물

웹 3.0 – 참여, 공유, 보상이 가져오는 새로운 미래

에서 장사를 하는 것과 남의 건물을 임대해서 장사를 하는 것을 생각하면 된다.

비트코인과 이더리움은 각각 자신들만의 메인 네트워크를 가지고 있기 때문에 코인이다. 반면 자체 네트워크가 없는 경우에는 다른 블록체인을 빌려서 발행하며, 이를 토큰이라고 한다.

그런데 왜 다른 네트워크를 빌려서 토큰을 발행하는 걸까? 이는 못하는 게 아니라 안하는 거라 보는 게 맞다. 자체 블록체인을 만들려면 시간과 비용이 많이 들고 인지도를 쌓는 시간도 오래 걸리기 때문이다. 그래서 처음 서비스를 시작하는 기업들은 안정적이고 인지도 있는 이더리움 네트워크 등을 이용해 토큰을 발행하는 쪽을 선호한다. 괜히 자체 블록체인 네트워크를 통해 듣도 보도 못한 코인을 발행한다고 하면 시장의 관심을 얻기 힘들기 때문이다. 처음 장사를 시작하는 사람이 무리하게 대출을 받아 건물을 지어 장사를 하는 것보다 상가를 임대해 장사를 시작하는 게 리스크를 줄일 수 있는 방법인 것과 같다.

이때 임대한 건물에서 장사를 하는 경우 간판을 달거나 내부 인테리어를 할 때 건물주가 미리 정한 규칙에 따라야 하듯, 토큰을 발행할 때도 메인 네트워크에서 정한 규칙에 따라야 한다. 예를 들어 이더리움 네트워크를 활용할 때에는 토큰의 표준규약인 ERC-20과 ERC-721을 따라야 한다. ERC-20은 대체가능토큰이라

ERC-721 규칙

(출처 : https://ethereum.org)

하며, ERC-721은 대체불가토큰이라 한다. 따라서 ERC-20 표준을
따른 토큰은 다른 토큰과 교환할 수 있지만, ERC-721로 만들어진
토큰은 이 세상에 단 하나밖에 없는 고유의 토큰이 되어 다른 토
큰과 교환할 수 없다. 이것이 바로 우리가 잘 알고 있는 NFT(대체
불가토큰)이다.

자체 네트워크 개발이 필요한 이유

사업 초기에는 이더리움이나 클레이튼 등 메인 네트워크를 빌

려 시작하는 게 좋다. 그런데 이렇게 네트워크를 빌려 이용하다 보면 불편하기도 하고, 위험부담이 생기기도 한다. 예를 들어 클레이튼이나 이더리움 네트워크를 이용하려는 서비스들이 많아져 갑작스럽게 너무 많은 이용자들이 몰리게 된다면 네트워크 속도가 현저히 느려지게 된다. 이렇게 되면 이 네트워크를 이용하는 수많은 다른 서비스들도 불편을 겪게 된다(물론 메인 네트워크들은 서비스들의 이탈을 막기 위해 지속적으로 안정성을 확보하여 속도를 빠르게 유지한다).

이런 문제가 아니더라도 어느 정도 인지도를 얻은 성공한 토큰들은 독자적인 네트워크를 만들어 성장하고 싶어 한다. 마치 장사가 잘되면 더 큰 매장을 임대하기보다 건물을 지어 원하는 대로 매장을 꾸며 사업을 확장하려는 것과 같다.

P2E 게임 개발사로 유명한 위메이드가 만든 '위믹스토큰'은 처음에는 클레이튼을 기반으로 구성되었다. 하지만 2022년 7월 자체 개발한 메인 네트워크 '위믹스3.0'의 테스트 네트워크를 오픈했고, 10월에는 정식 서비스를 시작했다. 기존 클레이튼을 기반으로 만들어진 '위믹스토큰'은 '위믹스클래식'으로 이름을 변경했고, 메인 네트워크를 통해 만들어진 코인은 정식으로 '위믹스코인'이 됐다. 뿐만 아니라 '위믹스달러'라는 이름의 코인도 새로 발행했다.

위메이드가 자체 네트워크를 만든 이유는 위메이드가 클레이

위메이드에서 자체 개발한 메인 네트워크, 위믹스3.0

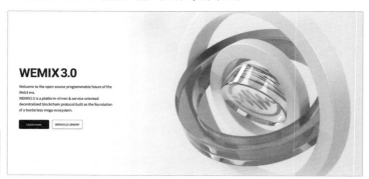

(출처 : https://www.wemix.com)

틀을 통해 토큰을 발행했던 것처럼 다른 회사들도 위믹스3.0 네트워크를 이용해 토큰을 발행하게 하여 자신들의 생태계 안에서 다양한 블록체인 서비스를 만들게 하기 위함이었다.

토큰의 구분

토큰Token은 사용되는 목적에 따라 유틸리티 토큰(기능성 토큰)과 시큐리티 토큰(증권형 토큰)으로 나눌 수 있다. 웹 3.0 기업들에게 이 구분은 상당히 중요하다. 시큐리티 토큰으로 구분될 경우 금융당국의 규제를 받아야 하기 때문이다.

1) 유틸리티 토큰(기능성 토큰)

Utility는 '효용이 있다'는 뜻으로, 여기서 '효용'은 인간의 욕망을 만족시킬 수 있는 재화의 효능으로 풀이된다. 따라서 유틸리티 토큰이란 우리가 원하는 것을 얻기 위해 소비되는 토큰이라고 할 수 있다. 예를 들어 이더리움 네트워크에서 사용되는 이더리움ETH은 수많은 디앱DApp에서 사용될 수 있기 때문에 유틸리티 토큰으로 분류한다. 이외에 이더리움을 기반으로 만들어진 무수히 많은 토큰 역시 유틸리티 토큰으로 볼 수 있다.

기업들은 토큰 발행ICO, Initial Coin Offering을 통해 사업에 필요한 자금을 모으며, 이를 사용할 수 있는 다양한 서비스를 만들기도 한다.

2) 시큐리티 토큰

시큐리티 토큰은 증권과 비슷한 성격의 토큰이다. 즉, 주식을 가지고 있으면 배당을 받는 것처럼 시큐리티 토큰을 가지고 있으면 수익을 배당받을 수 있다. 따라서 주식이나 채권처럼 사용할 수도 있고, 부동산 거래에 있어 현물자산의 지분을 인정하는데 쓰일 수도 있다.

2017년 암호화폐 광풍이 불었을 때 수많은 ICO들이 일어났다. 너도나도 토큰을 발행했는데 정작 사용처가 없거나 토큰 발행으로 돈을 끌어모은 후 문을 닫는 소위 먹튀가 많아져 피해가 속출

했다. 이에 미국 증권거래위원회는 시큐리티 토큰을 정의하며, 투자자 보호 및 금융시장 질서를 위해 적극적으로 시장에 개입했다. 미국 증권거래소가 암호화폐에 개입하기 위해서는 명분이 필요한데, 이 명분이 바로 시큐리티 토큰으로 분류하는 것이다.

시큐리티 토큰으로 분류하는 증권성의 판단기준은 미국 증권거래위원회SEC의 Howey Test에 따른다. 다음의 4가지 조건이 모두 만족되면 이 토큰은 시큐리티 토큰으로 분류한다(참고 : 빗썸 이지코노미, 2022. 09. 21).

- 돈이 투자되었는지 Investment of money
- 그 돈이 공동사업에 사용되고 In a common enterprise
- 투자에 따른 수익을 기대할 수 있으며 With an expectation of profits
- 그 수익은 다른 사람의 노력으로 발생된다 From the efforts of others

이처럼 금융당국의 규제로 인해 블록체인 회사들은 어떻게 해서든 시큐리티 토큰으로 분류되는 걸 피하려 하고, 금융당국은 시큐리티 토큰으로 분류해 개입하려 한다. 미국 증권거래위원회 제이 클레이튼 전 위원장은 이미 비트코인과 이더리움을 제외한 나머지 코인들은 증권의 성격을 띤다고 말했다. 이렇게 되면 증권법을 따라야 하기 때문에 내부자거래, 불공정거래 등 다양한 법규 위반 상황에 처하게 된다.

우리나라의 경우 2022년 9월 금융위원회는 '증권형 토큰 발행, 유통 규율체계 정비 방향' 세미나를 열었다. 이에 따르면 시큐리티 토큰은 한국거래소가 개설하는 디지털증권시장에서 유통되게 된다.

2022년 11월 KB증권은 2023년 상반기 오픈을 목표로 증권형 토큰 플랫폼을 개발하고 있다고 밝혔다. 정부의 가이드라인이 정해지는 대로 서비스를 곧 개시하겠다는 의지로 보인다. 웹 3.0의 보상으로 주어지는 '코인' 역시 시큐리티 토큰으로 분류될 경우 거래소 상장의 허들은 더 높아지기 때문에 이 이슈는 앞으로도 계속 주목할 필요가 있다.

스테이블 코인

비트코인과 이더리움이 실생활에서 사용되기 어려운 이유는 너무 급격하게 가치가 달라지기 때문이다. 커피 한 잔에 해당하는 이더리움 가격이 4,500원이었다가 5분 후에 6,000원이 되고, 다시 10분 후에 2,000원이 된다면 지불하는 사람이나 받는 사람 모두가 혼란스러울 수밖에 없다.

Stable(스테이블)은 안정적이라는 뜻으로, 스테이블 코인은 가격 변동에 있어 안정적인 코인을 말한다. 예전 금본위 시대에는 달러와 금의 가치를 35달러 = 1온스 등으로 보존해 주었듯이 1코인 = 1달러 식으로 가치 결정에 기준이 되는 화폐와 연계시키는 방식이다(이를 페깅이라 한다). 이때 실물자산과 연계하느냐, 다른 암호화폐와 연계하느냐에 따라 구현방식이 달라진다(한마디로 발행한 코인에 해당하는 현금을 코인 발행 기업이 보유하고 있음을 뜻한다).

가장 유명한 스테이블 코인으로는 USDT와 USDC가 있다. USDT는 테더 리미티드에서 발행하는 코인으로, 달러와 페깅해서 1:1로 보장해 준다. 준비금은 달러와 단기예금, 기업어음, 국채 등으로 구성되어 있다. USDC는 써클과 코인베이스에 의해 설립되었으며 USDT처럼 달러와 1:1 페깅된다. 이를 위한 준비금은 달러와 3개월 이하의 미국 국채로 구성되어 있다. 두 스테이블 코인 모두 자신들이 보유한 준비금에 대해 투명성 사이트를 오픈해 공개하고 있다.

그렇다면 웹 3.0에서 스테이블 코인이 중요한 이유는 무엇일까? 위믹스를 예로 들어 보자. 위믹스는 '위믹스달러'라는 스테이블 코인을 가지고 있다. 위믹스달러는 법정화폐와 USDC를 담보로, 가치를 1달러로 고정시킨다. 그리고 위믹스 네트워크를 통해 만들어진 여러 가지 게임에서 쓰이는 다양한 코인에 대해 위믹스

USDT와 USDC의 투명성 검증 사이트

(출처 : https://tether.to/en/transparency/#reports https://www.centre.io/usdc-transparency)

달러를 기축통화로 쓰이게 한다. 즉, 현실세계에서는 원화, 엔화가 각각 다른 가치를 지니지만 기축통화인 달러에 연동해서 국제사회에 쓰이는 것과 같다. 따라서 웹 3.0에서 쓰이는 스테이블 코인에서 가장 중요한 것은 '신뢰 유지'다.

웹 3.0 기업들이 코인과 토큰을 도입하는 이유

앞에서 우리는 웹 3.0 기업들이 코인과 토큰을 보상으로 지급하는 이유를 확장성과 수익성의 2가지로 살펴봤다. 이에 대해 좀 더 자세하게 알아보자.

1) 확장성

코인과 토큰은 네트워크의 확장과 사업 확장을 위한 좋은 마케팅 도구가 된다. 클레이튼을 예로 들어 보자. 클레이튼의 네트워크가 더 확장되기 위해서는 이 네트워크를 기반으로 많은 회사들이 서비스를 만들고 더 많은 이용자가 유입되어야 한다. 코인과 토큰을 가진 이용자들은 다양한 디앱에서 이를 사용할 수 있고, 그 안에서 코인과 토큰을 더 얻을 수도 있다. NFT 역시 토큰의 일종이다 보니 이를 활용하면 한정판 커뮤니티 멤버십으로 사용할 수도 있다.

이처럼 메인넷을 가진 곳은 안정적인 서비스를 통해 수수료를 받아서 좋고, 이용자들은 추가로 수익을 낼 수 있어 좋으며, 개발사들도 이익이 되니 모두 좋은 구조가 된다.

게임뿐 아니라 디파이 등의 금융서비스로의 확장 등 웹 3.0과 관련된 서비스를 확장시키는데 있어 코인과 토큰은 꼭 필요한 요소다. 반면 확장성을 고려하지 않는다면 굳이 코인과 토큰을 발행할 필요가 없다.

2) 수익성 – 포인트와 마일리지의 대체

웹 3.0이 아니더라도 고객들의 참여에 대한 보상으로 마일리지나 포인트를 주는 기업들이 많다. 그렇다면 웹 3.0 기업도 포인트를 주면 되는데 왜 굳이 블록체인 기반의 토큰과 코인을 보상으로 주는 걸까?

기업에서 제공하는 포인트와 마일리지는 회계처리를 할 때 '부채'로 처리된다. 예를 들어 10만원어치 물건을 팔고 1,000원을 포인트로 주었다면 1,000원은 고객이 나중에 사용할 예정인 '선수금'(부채)으로 잡히게 되고, 향후 고객이 포인트를 사용했을 때 1,000원의 부채는 '매출'로 변경된다. 그런데 고객이 깜박 잊고 포인트를 사용하지 않으면 포인트는 영원히 부채로 남게 된다. 이렇게 사용하지 않는 포인트가 많아지면 기업의 부채가 늘어나게 되어 기업의 재무구조에 악영향을 미치고, 이로 인해 재무제표에도 영향을 미치게 된다. 그래서 기업들은 사용가능기한을 두고, 그 기한이 지나면 포인트를 소멸시킨다.

이런 이유 때문에 기업들은 고객들에게 적극적으로 포인트와 마일리지를 사용하게 하고 있다. 대한항공은 2021년 노후화되어 은퇴시킨 여객기를 분해해 네임택, 골프 볼마커 등의 굿즈를 만들어 마일리지로만 살 수 있게 했다. 이를 통해 대한항공이 회수한 마일리지는 1,740만 마일리지나 된다. 덕분에 대한항공은 2021년 상반기, 마일리지를 포함한 이연수익을 2020년 대비 21%나 증가시킬 수 있었다.

그렇다면 기업들이 코인이나 토큰으로 보상을 주는 건 회계상

대한항공 업사이클링 프로젝트

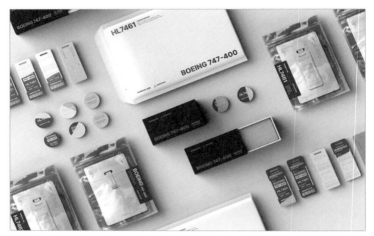

(출처 : https://www.koreanair.com)

으로 어떻게 처리될까? 마일리지처럼 부채로 잡히는 걸까? 코인
을 팔아서 얻은 수익은 기업에게 부채일까? 매출일까? 이에 대해
서는 아직 명확한 회계처리 규정이 없다. 다만 국내에서는 위메
이드가 하나의 사례를 만들었다.

2022년 2월 위메이드는 위믹스 매도대금을 매출로 잡아 실적
을 공시했다. 이에 매출을 부풀렸다는 의혹을 받았고, 결국 3월
이 대금을 선수수익으로 바꾸어 정정공시했다. 이로 인해 매출은
5,607억원에서 3,373억원으로, 영업이익은 3,258억원에서 1,009
억원으로 줄어들었다. 이 사례는 기업에서 코인을 어떻게 재무제

표에 넣느냐에 따라 큰 변화를 가져올 수 있다는 것을 보여준다.

그럼 여기서 토큰 발행을 통한 자금조달에 대해 생각해 보자. 일반적으로 기업에서 자금이 필요할 경우에는 돈을 빌리거나 투자를 받는다. 이때 주식을 발행해 자금을 모으는 경우 주식을 판 만큼 주주는 늘어나고 경영권은 약해진다. 그런데 만약 기업이 주식이 아닌 토큰을 발행한다면 어떻게 될까? 보유한 토큰의 숫자만큼 경영에 관여할 수 있는 거버넌스 토큰이 아니라, 기업이 만든 굿즈를 살 수 있거나 게임 아이템을 사는 등 정해진 곳에서만 쓸 수 있는 유틸리티 토큰을 발행할 경우 경영권에 대한 부담 없이 발행할 수 있다. 게다가 증권사 등 주관사에 내야 하는 수수료도 줄일 수 있다. 상장된 토큰의 가격이 오르게 되면 재무제표에는 당장 반영할 수 없더라도 실질적으로 회사에서 움직일 수 있는 자금이 늘어나게 된다.

지금까지의 내용을 정리해 보면 코인과 토큰을 발행할 경우 부채로 잡히지 않고, 쉽게 자금을 모을 수 있으며, 금융기관에 주는 수수료를 줄일 수 있는 장점이 있다. 이 때문에 기업은 자금조달에 있어 토큰을 적극적으로 활용하려 하고 있다.

코인과 토큰 도입의 불안요소

가장 큰 불안요소는 기업에 대한 신뢰다. 코인과 토큰은 기업 입장에서는 도움이 되지만 투자자 입장에서는 신중한 판단이 요구된다. 코인으로 자금을 모으는 ICO가 전 세계에서 금지된 이유는 그만큼 코인으로 돈을 모으는 기업에 대해 신뢰하지 못하기 때문이다. 2022년 코인 시장에 커다란 한파를 불러온 FTX의 파산 이유 중 하나도 자체 발행한 FTT 코인 때문이었다(아직까지 기업이 NFT를 발행해 자금을 모으는 것에 대한 제재는 없다. 이 부분 역시 향후 문제가 될 수 있을 것으로 보인다).

두 번째 불안요소는 명확하지 않은 법 규제이다. 암호화폐의 판매는 물론 사용자들에게 보상으로 지급하는 경우에도 아직까지 법적 규제가 명확하지 않다. 사업을 하는 입장에서는 법이 정해지지 않은 상황에서 향후 규제에 따른 리스크를 생각하지 않을 수 없다.

세 번째 불안요소는 권한 집중에 관한 불안이다. 지분증명 방식으로 코인이 배분되어 특정 세력들이 의사결정에 관여할 수 있는 힘이 커진다면 그들이 원하는 방향대로 사업이 진행될 가능성이 크다. 이는 보다 민주적인 의사결정이란 취지를 가진 웹 3.0과 맞지 않다. FTX의 사례는 물론 2022년 11월에 발생한 국내 암호화폐 거래소 협의체인 DAXA(닥사)의 위믹스 상장 폐지 결정도 마찬가지다.

웹 3.0의 성공은 이러한 불안요소들을 어떻게 해소할 수 있느냐가 관건이다.

토큰과 코인의 발행

■ **ICO** Initial Coin Offering

기업이 사업을 운영하기 위해서는 돈이 필요하다. 이때 돈을 구하기 위해서는 빌리

거나 투자를 받아야 한다. 즉, 은행에서 대출을 받거나 주식을 발행해야 한다.

주식시장에서 주식을 상장하려면 기업공개 절차를 밟아야 하는데, 이를 IPO라고 한

다. 코인시장에서는 이를 ICO(Initial Coin Offering, 암호화폐공개)라고 하는데, 기업

을 공개하듯 자신들이 만드는 블록체인 네트워크나 코인에 대한 동기와 운영방식,

앞으로의 비전 등을 일목요연하게 정리한 백서White Paper를 공개하고 투자자들에게

투자를 요청하게 된다.

ICO는 크게 2가지로 나눌 수 있는데, 애초에 자금이 없는 회사가 자금을 조달하기

위해 공개하는 것을 '퍼블릭 ICO'라고 하고, 어느 정도 서비스를 하고 있는 곳에서

추가자금을 조달하기 위해 공개하는 것을 '리버스 ICO'라고 한다.

이더리움, 이오스와 같은 프로젝트들은 퍼블릭 방식으로 진행되었고, 메신저 서비

스를 하고 있던 텔레그램은 리버스 방식으로 ICO를 진행했다. 이미 서비스를 진행

하고 있는 리버스 ICO에 비해 퍼블릭 ICO가 위험성이 크기 때문에 수익률이 더 높

은 편이다.

우리나라의 경우 2017년 9월 암호화폐를 이용해 자금을 조달하는 ICO가 자본시장

법 위반으로 규제되어 ICO가 불가능하다. 미국 증권거래위원회SEC 역시 ICO를 미등록 증권판매로 보아 규제 대상으로 보고 있다. 그래서 회사들은 규제가 없는 다른 나라로 우회해서 ICO를 진행하고 있다. 위메이드의 경우도 싱가포르 법인을 통해 ICO를 진행 후 이 기업을 흡수합병하는 방식으로 진행했다.

■ IEO Initial Exchange Offering

토큰을 직접 발행하는 것이 아니라 거래소를 통해 진행하는 것으로, 일반적인 주식 상장에 더 가까운 개념이다. 잘 알려진 유명한 거래소일수록 상장조건이 까다롭기 때문에 적어도 이곳에서 거래되는 토큰은 거래소를 통해 한 번은 검증되었다는 점에서 안정적으로 투자자를 모을 수 있는 효과가 있다.

■ IFO Initial Free Offering

토큰을 발행하기는 하나 이를 판매해서 초기 자금을 조달하려는 목적없이 무상으로 발행하는 토큰이다. 무상으로 토큰을 발행하는 이유는 기업이 고객에게 제공하는 '포인트'는 회계처리상 '부채'로 보지만, '토큰'은 아직 규정이 없기 때문이다. 또 토큰은 거래소에서 거래할 수 있기 때문에 시세차익에 따른 추가수익을 얻을 수 있지만, 포인트는 그렇지 못한 점 역시 주목해야 한다. 이 방식으로 진행하는 대표적인 서비스가 라인의 LINK다.

■ 토큰과 코인의 화이트 페이퍼

예전에도 그랬지만 앞으로도 더 많은 토큰과 코인들이 나오게 될 것이다. 주식 투자를 할 때에도 각 기업의 사업보고서를 읽고 투자해야 하듯 토큰과 코인 역시 White Paper(백서)를 읽어야 한다. 암호화폐 거래소 '업비트'의 투자자보호센터에는 주요 코인에 대해 한글로 번역된 백서가 올라와 있으니 꼭 찾아서 읽어보자.

업비트 투자자보호센터의 화이트 페이퍼

(출처 : https://upbitcare.com/academy/research)

3

암호화폐 지갑
(Wallet)

"암호화폐 지갑 있으신 분?"

강의 중에 질문을 던지면 100명 중 3~4명 정도만 손을 든다. 다시 "암호화폐 투자를 해보신 분?"이라고 물어보면 20명 정도가 손을 든다. 암호화폐에 투자는 하지만 암호화폐 지갑이 없는 이유는 대부분의 사람들이 암호화폐 거래소를 이용해 암호화폐를 사고팔기 때문이다.

거래소를 통해 암호화폐를 거래하는 건 개개인들의 '지갑' 역할을 거래소에서 담당한다는 것을 뜻한다. 이 경우 거래소가 혹시라도 문을 닫게 되면 자신이 보유한 암호화폐에 접근할 수 없게 된다. 2022년 11월 FTX의 파산 신청으로 불안해진 개인들이 거래소에 있는 암호화폐를 자신의 암호화폐 지갑으로 옮겼던 건 이 때문이다.

개인화된 암호화폐 지갑인 월렛이 중요한 이유는 암호화폐의 보관뿐 아니라 웹 3.0 서비스와 연결된 다양한 기능을 수행할 수 있기 때문이다. 하나씩 살펴보자.

월렛이 중요한 3가지 이유

스마트폰에서 은행 앱을 이용하면 자신이 가진 자산에 접근할 수 있고, 다른 사람에게 송금을 하거나 입금받을 수 있다. 증권 앱을 통해서는 투자를 할 수도 있다. 월렛 역시 마찬가지로 크게 3가지 기능을 가지고 있다.

첫째, 블록체인 네트워크에 접근할 수 있는 열쇠다. 네트워크에 보관된 코인과 NFT와 같은 토큰들을 사용하기 위해서는 반드시 월렛이 있어야 한다. 따라서 처음 월렛을 만들 때 생성되는 개인키와 시드 문구는 반드시 기억해야 한다. 비트코인을 담은 월렛 비밀번호를 분실한 사람들을 위해 일정 수수료를 받고 비밀번호를 찾아주는 신종 직업이 있을 정도다.

둘째, 계좌번호 역할을 한다. 은행 계좌번호를 다른 사람에게 알려줘 돈을 주고받듯 월렛마다 부여된 공개키를 다른 사람들에게 알려줘 입금을 받을 수 있고 반대로 송금할 수도 있다. 우크라이나 전쟁 때 우크라이나 정부에서는 암호화폐 지갑 주소를 공개해 전 세계에서 모금을 받았다.

셋째, 멤버십 인증이다. 웰렛은 신분증이나 출입증의 역할을 하기도 한다. 예를 들어 NFT 커뮤니티의 특정 게시판에 접속할 때는 암호화폐 지갑의 인증 절차가 필요하다. 지갑 안에 커뮤니티 멤버임을 증명할 수 있는 NFT가 있어야만 해당 사이트에 로그인할 수 있다. 오프라인에서도 이 방식이 쓰이게 되면 다른 누구도 대체할 수 없는 고유의 신분증으로 쓰일 수 있다.

이처럼 개인화된 암호화폐 지갑은 웹 3.0 서비스에 로그인하는 인증수단이 될 수 있고, 보상으로 받은 코인과 토큰 등을 보관하는 지갑이 될 수 있기에 앞으로 많이 사용될 것이다.

콜드월렛, 핫월렛

월렛은 크게 콜드월렛과 핫월렛의 2가지로 구분한다. 인터넷에 언제나 연결된 상태에 있다면 핫월렛, 단절된 상태로 있다면 콜드월렛이다.

1) 콜드월렛

인터넷을 사용하지 않는 방식을 콜드월렛이라고 하는데, 이 중 가장 강력한 것은 종이다. 종이에 QR코드 형태로 암호키를 출력해 놓으면 온라인상에 연결되어 있지 않기 때문에 해킹할 수 없는 가장 강력한 보안수단이 된다. 다만 종이를 분실하면 끝장이다.

종이가 아닌 디바이스 형태도 있다. 온라인 쇼핑몰에서 암호화폐 지갑을 검색하면 다양한 디바이스들이 나오는데 이 중 국내

암호화폐 지갑 '디센트'

(출처 : https://dcentwallet.com)

회사에서 만든 '디센트'라는 제품이 있다. 디센트는 일종의 USB 라고 보면 되는데, 단말기 안에 코인을 별도로 저장하는 것은 아니고 네트워크에 접속하기 위한 개인키를 저장하는 것이다.

필요할 때마다 디센트 지갑을 컴퓨터에 연결해 사용해야 하기 때문에 보안 면에서는 좋은데, 월렛을 자주 이용하는 경우 매번 연결하기 귀찮은 게 단점이다.

그런데 만약 디센트처럼 콜드월렛 서비스를 제공하는 회사가 문을 닫으면 내 지갑은 어떻게 될까? 이에 대해 디센트에서는 자주 묻는 질문FAQ에 해당 답변을 올려놓았다.

Q) 디센트 지갑을 잃어 버리게 되면 암호화폐도 같이 잃어버리게 되는 걸까?

A) 그렇지 않다. 암호화폐는 블록체인 네트워크에 안전하게 보관되며, 이를 연결하는 물리적 키를 분실한 것이기에 최초 디센트 지갑을 만들 때 생성한 24개 복구 단어로 복구할 수 있다. 만약 제조사가 서비스를 중단할 경우 디센트는 다른 앱에서 사용할 수 있게 공개할 예정이며, 만약 사용자가 사망하는 일이 생길 경우 가족에게 복구 단어를 공유한다면 지갑을 복구할 수 있다.

2) 핫월렛

핫월렛은 온라인에 연결되어 있어 언제나 사용할 수 있는 지갑을 말하며, 대표적으로 메타마스크와 카이카스가 있다.

두 지갑 모두 크롬이나 사파리 같은 웹 브라우저에 설치해 사용할 수 있고, 어플리케이션이 있어 스마트폰에서도 사용이 가능하다. 가장 큰 장점은 인터넷에 언제나 연결된 상태이기 때문에 특정 사이트에 로그인할 때나 코인을 보내고 받을 때 비밀번호 입력만으로 빠르게 가능하다는 점이다. 단점은 해킹의 위험이다. 특히 NFT 시장이 활성화되며 자신도 모르는 NFT가 지갑에 들어와 있거나, 디스코드를 통해 보내온 웹사이트에 로그인했을 때 해킹될 수 있다는 단점이 있다.

최근에는 라인 메신저와 카카오톡 등 메신저 앱들도 월렛 시장에 뛰어들고 있다. 카카오톡에는 카이카스가 아닌 '클립'이란 이름의 지갑이 별도로 탑재되어 있는데, 가장 큰 장점은 카카오톡에서 쉽게 가입이 가능하다는 점이다. 다만 카드나 현금으로 암호화폐를 바로 구매해 넣을 수 없고, 클립을 이용해 접속할 수

내 손 안의 디지털 지갑, Klip

한눈에 확인하는
나만의 디지털 자산

Klip은 디지털 자산을 투명하고 안전하게
관리할 수 있는 디지털 자산 지갑 서비스입니다.

 토큰

Klip에서 다양한 디지털 자산의 기축 역할을 하는
KLAY(클레이)와 블록체인 서비스에서 발행하는
서비스 토큰이 있습니다

 NFT

가상 세계에 존재하는 아이템부터 미술품,
부동산과 같은 물리적 자산에 이르기까지
사용 목적에 따라 다양하게 발행될 수 있습니다

(출처 : https://klipwallet.com/)

있는 블록체인 기반 사이트들이 적은 게 단점이다.

웹 3.0에서 암호화폐 지갑이 필요한 이유

웹 3.0 서비스에 암호화폐 지갑이 필요한 이유를 정리해 보자.

우선 기업 입장에서 암호화폐 지갑을 만들어 서비스했을 때 가장 큰 매력은 수수료 수익이다. 블록체인 데이터 분석업체들에 따르면 메타마스크가 벌어들이는 수입은 거래수수료로만 매달 1,000만 달러(약 124억원) 이상이다. 기업들이라면 탐내지 않을 수 없는 금액이다. 하지만 이 정도 수입을 올리기 위해서는 많은 이용자의 유입이 필수다. 우리가 처음으로 만든 은행 통장을 지금까지도 주거래 통장으로 이용하듯이 암호화폐 지갑도 처음에 만들었던 지갑이 있다면 굳이 다른 지갑을 추가로 만들지 않을 것이다. 때문에 기업들은 메타마스크에 비해서는 늦었지만 저마다 암호화폐 지갑 시장에 뛰어들고 있다.

두 번째 이유는 확장성이다. 이제 메타마스크는 단순히 암호화폐나 NFT를 보관하는 역할뿐 아니라 MoonPay, Wyre 등의 서비스를 통해 이더리움을 바로 구매할 수 있고, 다른 암호화폐로 교환해 주는 스왑 기능과 연결된 암호화폐들의 수익률 변화를 보여주는 포트폴리오 기능, 보유한 NFT를 한번에 모아서 보여주고 대략적인 금액을 측정해 주는 기능까지 가지고 있다. 이처럼 암호화폐 지갑 서비스를 확장해 디파이를 비롯한 다양한 금융서비스로 영역을 넓힐 수 있는 장점을 가지고 있다.

세 번째 이유는 수많은 웹 3.0 서비스들에 접속하기 위한 포털의 역할이다. 웹 1.0 시대의 경우 우리들을 인터넷의 세계로 연결시킨 포털의 역할을 한 네이버, 다음, 라이코스, 야후와 같은 회사들이 있었다. 인터넷의 바다로 여행을 떠나기 위해서는 반드시 거쳐야 하는 관문이었기에 이 회사들은 관문을 지키며 수많은 서비스들을 연결시켜 수익화시키고 성장할 수 있었다. 암호화폐 지갑도 마찬가지다. 과거의 포털 사이트처럼 광고 위주의 서비스를 할 일은 없겠지만, 웹 3.0 서비스에 접속하기 위해 필수적으로 설치하고 이용해야 하는 관문의 역할을 할 수 있다면 한 번 암호화폐 지갑을 이용한 고객들을 지속적으로 방문하게 만들 수 있다.

4
디앱
(DApp)

　웹 3.0을 구현하기 위한 서비스들은 블록체인을 기반으로 만들어지는데, 이렇게 만들어진 서비스들을 디앱(DApp, 탈중앙화 어플리케이션)이라고 한다. 스마트폰에서 이용할 수 있는 앱의 종류가 수없이 많듯이 디앱 역시 무수히 많다.

　여기서는 디앱의 정의를 간단하게 살펴보고, Part 3에서 사례별로 더 자세하게 정리해 보자.

디앱

　디앱**DApp**은 댑이라고 부르기도 하는데, 탈중앙화 어플리케이선**Dcentralized Application**의 약어이며, 블록체인 네트워크를 기반으로 작동하게 만든 앱을 말한다. 보통 우리가 알고 있는 앱이라 하면 스마트폰에 설치 가능한 앱을 생각하는데, 디앱은 PC에서도 설치가 가능하기 때문에 프로그램에 더 가깝다고 볼 수 있다.

　iOS용 앱이라면 애플의 가이드라인에 따라 제작되고, 그 생태계 안에서만 운영된다. 따라서 가이드라인을 어길 경우 애플은 언제든 앱을 퇴출시킬 수 있다. 최근 애플과 에픽게임즈의 소송이 이를 잘 보여주는 사례이다. 애플 앱 안에서 게임 아이템을 결제하면 애플에 수수료를 내야 하기 때문에 에픽게임즈는 이를 우회하는 방법으로 자사 홈페이지에서도 결제할 수 있도록 했는데, 애플은 이를 인정하지 않고 에픽게임즈의 포트나이트 앱을 퇴출시켰다. 이렇듯 플랫폼에서 중앙집권적으로 운영되면 개발사나 서비스 이용자들은 미리 결정된 정책에 따를 수밖에 없다.

　반면 디앱은 탈중앙화라는 말에서 알 수 있듯이 블록체인을 기반으로 하여 만들어졌기에 이러한 강압적인 생태계에서 자유로울 수 있다. dapp.com에서는 다양한 체인을 바탕으로 한 디앱들의 종류와 순위를 확인할 수 있다.

디앱들의 종류와 순위를 확인할 수 있는 dapp.com

(출처 : https://www.dapp.com/dapps)

디앱의 장점과 단점

디앱은 블록체인을 기반으로 하고 있기 때문에 장점과 단점 역시 블록체인을 따른다.

가장 큰 장점은 디앱을 운영하는 회사가 문을 닫더라도 지속 적으로 사용 가능하다는 점이다. 예를 들어 디앱 게임을 운영하 는 주체가 더 이상 운영하지 못하겠다고 손을 들더라도 그때까지 개발된 서비스는 운영될 수 있고, 또는 다른 블록체인 네트워크로 이관되어 운영될 수도 있다.

또 다른 장점은 코인 보상이다. 최근 X2E(X to Earn, X 하면서 돈 벌기), 즉 어떤 행동의 참여를 통해 보상을 받는 서비스가 유행하고 있는데, 대부분의 디앱은 해당 블록체인의 코인으로 보상을 한다. 이러한 코인 보상은 서비스를 계속 이용하게 만드는 강한 동기부여가 된다. 하지만 보상에 집착하게 될 경우 서비스에 대한 재미를 느끼기보다 돈을 벌기 위한 수단으로만 생각하기 쉽다. 이 경우 개발자가 원래 의도한 것과 달리 빠르게 보상을 얻을 수 있을 때에는 사람들이 몰리고, 그렇지 않을 때에는 급격히 이용자가 줄어들게 된다.

단점은 블록체인 네트워크가 다른 블록체인 네트워크로 이관될 경우 기존에 소유하고 있던 아이템을 이용하지 못할 수도 있다는 점이다. 예를 들어 A라는 게임에서 사용하던 1억원에 해당하는 검이 있다고 가정해 보자. A게임이 문을 닫았을 때, 같은 블록체인을 쓰고 있는 B라는 게임에서 이 검을 사용할 수 있게 해 줘야만 B라는 게임을 이용할 수 있다. 하지만 완전히 탈중앙화되어 있는 퍼블릭 블록체인이 아니라 프라이빗 블록체인으로 운영되던 게임이라면 이관은 어렵다. 물론 이 경우는 서비스마다 적용되는 상황이 다를 수 있다.

느린 속도도 단점이다. 블록체인 네트워크의 속도가 느려지면 해당 블록체인을 사용하는 디앱들의 속도도 느려진다. 특히 게임의 경우 느린 게임을 하고 싶은 사람은 아무도 없을 것이기 때문에 이용자들은 떠나갈 것이다.

블록체인 네트워크를 사용하는 수수료에 해당하는 가스비도 단점이다. 예를 들어 크립토키티에서는 단순히 고양이를 사고파는 행위뿐 아니라 교배시키는 행위 등 모든 진행에 있어 비싼 가스비를 지불해야 한다. 때문에 블록체인 서비스를 하는 회사들은 속도와 비용 두 가지 문제를 해결하기 위해 노력하고 있다.

5

대체불가토큰
(NFT)

    NFT는 웹 3.0과 어떻게 연결되는 걸까? 스타벅스는 2022년 12월 웹 3.0 커뮤니티인 '오딧세이'를 출범했다. 나이키는 Swoosh. com을 오픈하며 커뮤니티 멤버를 모으고 NFT를 판매하기 시작했다. 가수 싸이는 soPSYety라는 프로젝트를 통해 회원을 모으고 NFT를 판매했다. 이외에도 다양한 서비스들이 NFT를 기반으로 커뮤니티를 만들고 있다. 커뮤니티의 유지에 NFT가 필요한 이유는 멤버십과 크리에이터 생태계를 만들 수 있기 때문이다. NFT를 활용해 인증된 사람들만 접속할 수 있는 단단한 커뮤니티를 만들 수 있고, 멤버들이 직접 NFT 제작과 판매에 뛰어들어 함께 성장하는 생태계를 만들 수 있다.

NFT의 이해

NFT **Non-Fungible Token**는 대체불가토큰의 약어로, 이 세상에 하나밖에 없는 고유한 토큰이란 뜻이다.

이더리움 네트워크를 활용해 코인을 만들거나 NFT를 만들 때에는 미리 정해진 프로토콜(규약)에 따라 제작해야 하는데, 대부분의 토큰들은 ERC-20을 기준으로 만든다. 이렇게 만들어진 토큰은 다른 토큰으로 대체할 수 있다. 500원짜리 동전은 몇 년도 동전이든 상관없이 같은 가치를 가지는 것처럼 1비트코인은 1비트코인으로, 1이더리움은 1이더리움으로 교환될 수 있기 때문이다. 하지만 ERC-721 방식으로 제작된 토큰은 그 자체가 하나의 독립적이고 대체불가능한 값으로 정의되기 때문에 대체할 수 없는 특징을 가진다. 이 토큰이 우리가 알고 있는 대체불가토큰 **NFT**이다.

이처럼 개념으로만 잡혀있던 NFT가 실체화된 건 이더리움 기반의 게임으로 유명한 '크립토키티'와 프로필 NFT로 성공을 거둔 라바랩스의 '크립토펑크' 시리즈가 등장하면서이다.

NFT가 대중의 관심을 받으며 폭발적으로 성장하게 된 계기는 2021년 3월 디지털 아티스트 비플의 작품 'Everydays - The First 5000 Days'가 6,930만달러(약 785억원)라는 놀라운 금액에 낙찰되면서부터였다. 이후 트위터의 창업자인 잭 도시의 첫 번째 트윗

각기 다른 모습을 하고 있는 1만 개의 크립토펑크

(출처 : https://larvalabs.com/cryptopunks)

이 33억 원에 낙찰되는가 하면, 인도네시아의 대학생이 올린 셀카 933장이 13억 원에 낙찰되며 NFT 시장은 폭발적으로 성장했다.

NFT의 구분

NFT는 그 성격에 따라 아트, 컬렉터블, 게임, 일상으로 나눌 수 있다. 2021년에는 아트 시장이 주목을 받았고, 2022년에는 컬렉터블에 관심이 몰렸다. 컬렉터블은 수집할 만한 가치가 있는 NFT를 뜻한다. 컬렉터블의 대표 주자로는 크립토펑크와 BAYC가 있다.

크립토펑크는 이 세상에 1만 개밖에 없다는 희소성을 바탕으로 성장했다. 이어 2021년 4월 출시된 BAYC(지루한 원숭이 요트 클럽) 역시 1만 개밖에 없는 희소성이 바탕이 되었고, 홀더(소유자)들에게 다양한 혜택을 주며 가장 저렴한 NFT가 3억원을 넘기도 했다.

우리나라에서도 메타콩즈, 클레이에이프클럽, 슈퍼노말, 선미야클럽, 트레져스클럽 등 컬렉터블 NFT 프로젝트가 홀더들과의 커뮤니티를 구축해 유지하고 있다.

2021년에 이어 2022년 상반기까지는 NFT 열풍에 힘입어 대부분의 프로젝트들이 성공을 거두었다. 하지만 2022년 하반기부터 NFT 열풍이 어느 정도 가라앉으며 보다 현실적인 프로젝트들이 주목받기 시작했다. 그리고 최근 들어 대기업들이 뛰어들며 다시 일반인들의 관심을 받고 있다. 신세계, 롯데홈쇼핑, 현대백화점 3사는 각각 푸빌라, 벨리곰, 흰디 캐릭터를 출시했고, 현대자동차는 MobED, LG유플러스는 무너라는 캐릭터로 NFT를 출시한 후 커뮤니티를 통해 소통하고 있다.

NFT에 대해서는 필자의 전작《NFT, 디지털 자산의 미래》에 자세히 소개해 놓았고, 그동안 수많은 매체에서 언급되었으니 참고하기 바란다. 그럼 이제부터 웹 3.0에서 NFT가 어떻게 작용하는지에 대해 알아보자.

롯데홈쇼핑 사내 벤처 프로그램을 통해 탄생한 분홍색 벨리곰 NFT

(출처 : https://www.bellygom.world/#level-belly)

웹 3.0과 NFT

웹 3.0의 핵심인 참여와 보상, 공유에 초점을 맞추어 하나씩
정리해 보자.

1) 참여

일반인이 블록체인을 이용해 토큰을 발행하는 건 쉽지 않지만
NFT를 발행하는 것은 쉽다. 물론 몇천 개에서 몇만 개를 발행하
는 컬렉터블의 경우는 아티스트, 개발, 홍보 등 팀 단위로 움직여
야 하지만, 자신이 그린 그림이나 영상을 NFT로 만드는 건 누구
나 쉽게 할 수 있다.

NFT는 해외의 오픈씨나 라리블, 국내 CCCV NFT와 같은 거래 소를 통해 스마트폰에 있는 사진을 인스타그램에 업로드하는 것 만큼 쉽게 발행할 수 있다.

특히 신인 작가라면 갤러리나 큐레이터의 눈치를 보지 않고 자신의 작품을 글로벌 시장에 내놓을 수도 있다. 작은 스타트업 역시 마찬가지다. 마음에 맞는 개발자와 원화(그림) 작가가 있고 확실한 로드맵을 가지고 있다면 마치 크라우드 펀딩을 하는 것처 럼 컬렉터블 NFT를 만들어 자금을 모을 수 있다. 코인을 발행해 자금을 모으는 ICO가 세계적으로 금지되는 상황에서 NFT 발행 (민팅)은 자금을 모을 수 있는 좋은 방법이다.

2) 보상 – 수집과 활용

디앱 서비스를 이용하며 미션을 달성했을 때 코인이 아닌 NFT로 받게 된다면 이는 미션을 달성한 유일한 사람이라는 인증 이 된다. 게다가 NFT는 대부분 2차 마켓에서 거래가 가능하기 때 문에 보상받은 디지털 재화의 수집과 판매로 추가 수익을 얻을 수 있다는 점 역시 매력적이다.

특히 메타버스에서 구입한 NFT 아이템들은 세상에 단 하나밖 에 없는 유일성을 인정받을 수 있기에 수집과 거래의 대상이 될 수 있다. 명품 회사들이 NFT에 뛰어든 이유이기도 하다. 같은 블록체인 네트워크에서 서비스되는 메타버스라면 어느 한 메타버스에서 사용한 아이템들을 다른 메타버스에서 사용할 수도 있다 (이에 대해서는 메타버스 서비스 간의 협의가 필요하다). 오프라인 연동도 매력적인 부분이다. 오프라인에서 신발을 구매했을 때 별도의 NFT를 지급받을 수 있고, 이를 메타버스에서 사용할 수 있다면 온라인과 오프라인을 연결하는 수집과 활용, 보상 시스템을 이룰 수 있게 된다.

2022년 말 커뮤니티 사이트를 오픈한 나이키가 가장 빠르게 이 부분을 선도해 나갈 것으로 보인다.

나이키가 만든 커뮤니티 사이트

(출처 : https://www.swoosh.nike)

3) 멤버십

웹 3.0에서 NFT가 보여줄 수 있는 가장 큰 장점과 특징이 여기에 있다. 블록체인 네트워크를 기반으로 만들어지는 사이트에 로그인하기 위해서는 해당 사이트에 접속할 수 있는 권한이 있다는 것을 입증해야 하는데, 이 입증방식 중 하나가 'NFT 인증'이다.

예를 들어 BAYC 홈페이지에는 누구나 접속할 수 있지만, 특정 게시판에 접근하기 위해서는 NFT를 보유했다는 것을 인증해야 한다. 우리나라 NFT 프로젝트들의 커뮤니티도 마찬가지다. 이들과 대화를 나누기 위한 채팅방인 디스코드 채널 역시 암호화

지루한 원숭이들의 요트클럽(BAYC)에는 특별한 커뮤니티 공간이 있다.

(출처 : https://boredapeyachtclub.com)

폐 지갑에 담긴 NFT 인증을 요구한다.

오프라인 모임에 참여하게 될 때에도 NFT는 유용하게 쓰일 수 있다. 입구에서 카카오클립과 같은 월렛에 담긴 NFT를 보여주면 자신의 소유라는 것을 입증할 수 있다. 이때 NFT가 진짜라는 것을 인증하기 위한 인증 프로그램이 필요한데, 코로나 팬데믹 때 QR코드를 인증하는 앱을 생각하면 이해하기 쉽다.

NFT 시장의 성장

NFT는 무궁무진한 가능성이 있음에도 불구하고, '투자'와 관련된 관심이 먼저 부각된 것은 아쉬운 부분이다. 저마다 가능성 있는 NFT를 보유하며 가격상승을 기대했지만 항상 오르는 시장은 없다. 코인 시장에서 가장 나쁜 사례 중 하나는 코인을 상장했던 회사들이 큰돈을 챙기며 처음에는 열심히 할 것처럼 하다가 이내 주요 개발자들이 하나둘씩 빠져나가고, 코인의 활성화에는 추가적인 자금이 투자되지 않는 일이다. NFT도 마찬가지로 한 프로젝트를 띄워놓고 핵심 개발진들이 빠져나가 다른 프로젝트들을 진행하는 경우가 많았다.

더군다나 BAYC를 포함한 대부분의 NFT들은 이제 겨우 2년도 되지 않은 프로젝트들이다. 장기적인 로드맵을 가지고 시작했지만, 프로젝트를 진행하다 보면 외부 변수가 너무 많다. 특히 2022년 초부터 암호화폐 시장에 찬바람이 불며 NFT 시장도 주춤할 수밖에 없었다. NFT의 대부분이 코인으로 거래되다 보니 당연한 일이었다. 그렇다면 NFT 시장의 성장은 멈춘 걸까? 그렇지는 않다.

NFT와 관련한 대기업들의 움직임

2022년 초 유튜브의 CEO 수전 워치스키는 "가상자산, NFT, DAO는 크리에이터와 팬 사이의 연결고리를 강화한다"고 말했다. 인스타그램은 2022년 10월부터 암호화폐 지갑을 인증해 자신의 피드에 NFT를 '디지털 자산'이란 이름으로 업데이트할 수 있게 했다. 2023년 초부터는 인스타그램 내에서 NFT를 발행하고, 매매를 할 수 있는 서비스를 제공할 계획이라고 한다. 카카오톡 역시 장기적으로 카카오톡 프로필에 NFT를 적용할 계획이라고 밝혔다.

국내 기업들 역시 바쁘게 움직이고 있다. 이런 움직임은 크게 3가지로 구분할 수 있는데, 'BAYC형' '마케팅형' '거래소형'으로 나눌 수 있다.

본인이 소유한 NFT를 인스타그램에 공유할 수 있다.

(출처 : @limboklee 인스타그램)

BYAC형은 BAYC처럼 1만 개 가량의 한정된 NFT를 발행한 후 판매하거나 무료로 배포하는 것을 말한다. 현대자동차의 메타모 빌리티, 신세계백화점의 푸빌라, 롯데홈쇼핑의 벨리곰, LG생활 건강의 빌리프, LG유플러스의 무너가 이에 해당한다. 이마트24 도 2022년 12월 행성NFT를 에어드롭(무료)한 후 구매자들을 대상 으로 원둥이NFT 프라이빗 세일을 진행했다. 구매자들은 1년간 구매한 NFT에 따라 와인·맥주·우유 등 다양한 품목들을 매달

이마트24의 원둥이NFT

(출처 : 이마트24 앱)

할인구매할 수 있는 혜택을 받게 된다.

마케팅형은 말 그대로 1회적인 마케팅용으로 쓰이는 NFT를 말한다. NFT의 추가가치 상승이나 로드맵을 고민할 필요 없이 이벤트 참여자에게 배포하는 것으로 끝이 나는데, GS리테일, CU, 세븐일레븐에서 진행한 이벤트가 이에 해당한다.

거래소형은 기업들이 본격적으로 NFT거래소를 만들어 뛰어드는 경우다. 업비트는 업비트NFT, 효성그룹은 메타갤럭시아를 만들었다. 두산은 두버스, 카카오는 클립드롭스, 컴투스는 C2X NFT, 탐앤탐스는 TOMS NFT를, 현대카드는 콘크리트를 출시했다. 이외에도 많은 기업들이 NFT거래소를 준비 중에 있다.

2022년 하반기 네이버는 라인넥스트와 협업해 DOSI란 이름

네이버 LINE과 함께하는 NFT 마켓 플레이스, DOSI

(출처 : https://www.dosi.world/ko_KR)

의 NFT 플랫폼을 론칭했다. 네이버웹툰 〈지옥〉이나 엔터테인먼
트 회사인 다이아티비 등 콘텐츠를 가진 곳들이 입점해 자신만의
사이트를 만들어 NFT를 발행할 수 있게 만든 플랫폼으로, 처음부
터 파트너들과의 웹 3.0을 만들어 가는 걸 목표로 한다.

기업이 NFT 시장에 적극적으로 뛰어드는 이유는 위믹스3.0
의 플랫폼 중 하나인 NILE으로 설명할 수 있다. NILE은 'NFT Is
LifeEvolution'의 약어로, NFT가 결국 일상 모든 곳에서 쓰이게 될
것이라고 말한다. 이처럼 지금 기업들이 하는 모든 활동들은 이
를 위한 준비작업이라고 볼 수 있다.

6

다오
(DAO)

다오와 협동조합

웹 3.0이 구체화될수록 NFT를 보유한 사람들끼리의 SNS 커뮤니티를 넘어선 좀 더 조직적이고 구체화된 단체가 필요할 때가 있다. 이에 관심받는 조직 구성이 다오DAO이다.

다오DAO, Decentralized Autonomous Organization는 탈중앙화된 자율조직이라는 뜻이다. 어떤 조직이 중심되는 주체 없이 운영된다는 뜻으로, 웹 3.0 시대의 가장 이상적인 형태의 조직이라 할 수 있다. 다만 이상적이기에 현실화되기에는 넘어야 할 장벽도 많다.

그런데 이미 모두가 경영과 사업에 참여해 주인이 될 수 있는 형태의 조직 구성이 있다. 바로 협동조합이다. 다만 협동조합도 매번 전국에 흩어져 있는 조합 구성원들이 모여 투표를 진행할 수 없다 보니 중앙에서 일할 집행부가 필요하다. 사업 진행에 필요한 각각의 안건에 대해 모든 참여자들의 의견을 수렴해 진행하는 건 지나치게 비효율적이기 때문이다.

그렇기에 조합은 다양한 규약을 정해 조합원들이나 조합을 운영하는 사람들이 법적인 책임을 질 수 있게 한다. 제대로 조합 자금이 운영되고 있는지를 확인하기 위한 다양한 감사 활동 역시 조합의 운영에 있어 꼭 필요한 부분이다.

책 출판 다오를 만든다면

그럼 다오로 조직을 만든다는 건 어떤 의미일까?

이 책이 출간되기 전 '웹 3.0 책 출판 DAO'를 만든다고 가정해 보자. 여러분들은 누구나 참여자가 될 수 있다. 원고를 집필한 후에 책 표지 및 내지 디자인, 마케팅 방향에 대해 참여자들과 토론을 하고 협의를 한다. 협의내용에 대해서는 투표를 통해 결정한다. 예를 들어 표지 시안이 2개 나왔는데, 작가인 나는 1번 표지가 마음에 들었지만 다오에 참여한 분들 대다수가 2번이 마음에

든다고 하면 그대로 결정된다. 작가의 의견에도 불구하고 그렇게 결정하기로 합의를 했기 때문이다.

책이 출간된 후 발생하는 수익에 대해 작가와 출판사, 다오 참여자들은 각각 미리 정해진 대로 배분받게 된다. 이 배분은 '웹 3.0 토큰'으로 이루어지며, 책을 구입한 독자들도 처음부터 다오의 구성원으로 참여해 리워드로 일정량의 토큰을 받을 수 있다. 이렇게 얻은 토큰은 다음 책을 출간하기 위한 투표권으로 쓰이기도 하고, 거래소에 상장되어 있어 원한다면 현금화할 수도 있다.

만약 이 책을 미국이나 일본의 출판사와 판권 계약을 맺고 싶다면 커뮤니티의 누구라도 안건을 올릴 수 있고 모두가 이에 대해 투표권을 행사할 수 있다. 과반수 이상이 동의한다면 진행이고 반대가 더 많다면 실행되지 않는다.

그런데 이렇게 진행되는 건들에 대해 어떻게 신뢰할 수 있을까? 바로 여기에 블록체인이 적용된다. 일반적인 조합이나 회사에서 정한 규약들을 웹 3.0에서는 블록체인을 통해 스마트 컨트랙트로 정할 수 있기 때문이다. 모든 계약관계가 코딩으로 정해져 있어 어느 누구도 이 계약내용을 변경할 수 없다. 책을 통해 벌어들인 수익과 관련된 보상 역시 블록체인 내에 기록되기에 누구나 원한다면 이 블록들을 투명하게 검증할 수 있다. 만약 더 이상 다오에 참여하고 싶지 않다면 가지고 있는 토큰을 매각한 후 떠나면 된다. 깔끔한 이별이다.

어떤가? 조금은 쉽게 다오가 이해되지 않는가? 목적을 가지고 운영된다는 점에서 개인들끼리 돈을 모아 순번을 정해서 나눠 가지는 우리나라의 '계'와도 비슷한 점을 찾을 수 있다.

정리하자면 다오는 블록체인을 기반으로 운영되는 자율적인 조직이며, 이 조직을 운영하기 위한 핵심요소가 바로 토큰이다.

다오의 장점

앞에서 이야기한 사례를 바탕으로 다오가 가지는 4가지 장점을 정리해 보자.

1) 스마트 컨트랙트를 통한 규약 실현

다오는 운영되는 방식에 있어 돈을 투자하는 방식, 배분하는 방식 등 모든 것들을 스마트 컨트랙트에 의해 규약으로 만들어 강제화시킬 수 있고 임의로 고칠 수 없다는 장점을 가지고 있다.

예를 들어 회사에 입사해 연봉계약을 할 때 기본급이 있고 어느 정도 성과를 낸 후 성과급을 받기로 했다면, 회사에서는 정량적인 측정과 정성적인 측정을 더해 판단을 내린다. 간혹 회사가 위기상황이라면 월급을 미루어 지급하는 일도 생긴다. 하지만 다오에서는 명쾌하게 사전 협의된 내용을 계약으로 걸어 놓기 때문에 어떠한 경우에도 계약은 자동적으로 이행된다(만약 회사가 망하기 직전이라도 돈이 남아 있다면 계약에 따라 월급은 지급된다).

2) 투명성

회사는 자금을 어디에 어떻게 썼는지, 앞으로 어떻게 쓸 것인지에 대해 투명하게 공개할 의무가 있다. 이에 따라 상장된 회사라면 해마다 공시를 하거나 재무제표, 사업보고서 등을 만들어야 하는데, 이건 1년 결산이 끝났을 때의 일이지 사업이 진행되는 상황에서는 투자자나 직원들이 관련 정보를 알 수 있는 방법이 없다. 하지만 다오에서는 모든 흐름과 진행사항이 블록체인을 통해 즉시 기록되고, 이는 투명하게 공개되기에 누구나 언제든 쉽게 검증할 수 있다.

3) 의견 합의 및 도출

기업은 주주총회를 통해 주주들의 의견을 받는다. 하지만 이때 10주 내외를 가지고 있는 소액주주의 의견이 반영되는 일은 거의 없다. 게다가 주주총회는 특정 장소와 날짜가 정해져 있기 때문에 자신의 생업을 포기하면서까지 주주총회에 참석하는 것은 쉽지 않은 일이다.

반면 다오에서는 특정 사이트에 로그인해 자신이 가진 토큰을 검증받은 후 투표권을 행사하면 된다. 뿐만 아니라 다오 조직에서 진행하고 있는 일들에 의견이 있다면 언제든 안건을 제안하고 투표를 진행할 수 있다.

4) 효율적인 수익 배분 및 비용 지급

다오의 매력적인 점은 특정 지역에 얽매일 필요가 없다는 점이다. 예를 들어 한국에 있는 구성원들이 다오를 만들더라도 그 안의 커뮤니티 구성원들은 전 세계 사람들이 될 수 있다. 앞서 이야기한 출판 다오를 생각해 보자. 대만의 디자이너가 표지 디자인을 했을 경우 이에 대한 대가를 지불해야 하는데, 환전을 통해 보낸다면 번거롭기도 하고 시간도 오래 걸린다. 이때 다오에서 운영하는 토큰으로 보낼 경우 5분도 채 걸리지 않고 보낼 수 있다. 물론 스마트 컨트랙트로 되어 있기에 따로 정산을 할 필요도 없다. 여기서 생각할 수 있는 또 하나의 장점은 운영의 효율성이다. 직원들이나 파트너사에 나가야 할 돈을 계산하고 정산하는 것만으로도 인력이 필요한데 이 인력을 줄일 수 있기 때문이다.

다오의 단점

이렇게 장점이 많다면 이미 많은 조직들이 다오 방식을 택했어야 한다. 하지만 그렇지 못한 것은 약점도 크기 때문이다. 다오의 단점을 3가지로 정리해 보자.

1) 의견 합의 및 도출의 투명성

이 부분은 앞에서 다오의 장점으로 언급했던 내용으로, 이는 다오의 장점이자 가장 큰 단점이기도 하다. 예를 들어 대선이나 총선 등 투표를 할 때 우리는 신분증을 가지고 투표소를 찾는다. 신분증으로 얼굴을 확인하는 절차를 거치는데 이 절차를 통과하면 남녀노소, 재산의 유무에 상관없이 누구나 1인 1투표권을 행사하게 된다.

다오에서는 어떨까? 모든 조직 구성원들은 굳이 자신이 누구인지 실명을 공개하지 않아도 된다. 프로토콜과 스마트 컨트랙트, 즉 코딩으로 이루어진 세상에서는 안건을 제안하는 사람도, 이에 대해 투표를 하는 사람도 모두 암호화폐 지갑으로 자신을 인증하기 때문에 누가 누구인지 알 수 없다. 덕분에 익명성이 보장된다. 하지만 다오를 어떻게 설계하느냐에 따라 1지갑당 1개의 투표권을 줄 수도 있고, 1지갑이 아닌 보유한 토큰의 숫자에 따라 더 많은 투표권이 부여되기도 한다. 그런데 암호화폐 지갑은 누구나 만들 수 있기 때문에 누군가 대량 매집한 사람이 있다면 원하는 대로 다오의 방향을 조정할 수 있다. 게다가 누가 어떤 목적으로 만들었는지 공개하지 않아도 되기 때문에 자신도 모르는 사이에 사회적으로 문제가 있는 범죄자를 위해 일하는 경우도 생길 수 있다.

2) 휴먼리스크

누구나 블록체인을 검증할 수 있다고 하지만 24시간 내내 검증만 하고 있을 사람은 없다. 또 블록체인은 신뢰할 수 있다고 하지만 결국 실행하는 주체는 사람이다. 예를 들어 어떤 다오에서 3억원짜리 장비를 구입했다고 가정해 보자. 그런데 실무자가 협상을 통해 2억원 정도에 구입한 후 블록체인 상에는 3억원으로 기록했다면 1억원을 횡령해도 아무도 알 수 없다(물론 제품을 구입할 때 토큰으로 구입한다면 증거는 블록체인상에 기록된다).

이에 대한 내용을 검증하는 것 역시 코드를 해석할 줄 아는 사람들이나 가능하지 누구나 알 수 있도록 쉽게 되어 있는 것은 아니다.

3) 이상과 현실의 차이

결국 사람과 사람이 일을 하며 살아가는 게 세상인데, 함께 모여서 일하는 공간이 필요하다면 부동산 계약을 해야 한다. 이 경우 계약 당사자인 건물주와의 계약에서 누군가는 대표자로 등록되어야 한다. 100% 다오로 움직이는 회사를 만들기 힘든 이유도이 때문이다. 직원들을 채용할 때도 이들에 대한 관리 문제가 발생한다. 정해진 양만큼 일하고, 그에 해당하는 만큼 비용을 지불하기로 했다고 해도 일의 품질은 언제나 추가적인 검토가 필요하고, 일의 결과물은 대부분 만족스럽지 못하다. 더군다나 유지보수가 필요한 경우 익명성 때문에 바로 연락할 길이 없다면 상황은 더욱 힘들어진다.

4) 기타

이외에도 참여했던 메인 개발자들이 자신들의 수익만 챙긴 후토큰을 팔고 떠나면 남아있는 사람들만으로 커뮤니티가 유지되기 어렵다. 그리고 '법적인 보호'를 받기 어렵다는 점 역시 큰 문제이다. 일을 했는데, 회사에서 대가를 받지 못했다면 법적으로보호받아야 한다. 회사 임원들이 횡령이나 배임을 했을 경우도마찬가지다. 이처럼 다오는 법적 보호장치가 없다 보니 특정 다오들은 주식회사 형태로 운영하며, 이를 참여자들에 대한 보호라는 장점으로 내세우는 경우도 있다.

다오의 3가지 형태

세상에 수많은 목적을 가진 조직들이 있듯 다오 역시 수많은 목적을 가진 다오로 구성될 수 있다. 이를 크게 3가지 형태로 정리해 보면 투자를 목적으로 운영되는 인베스트먼트 다오, 서로 정해진 규약을 바탕으로 거버넌스 토큰을 가지고 의사결정에 참여하는 방식으로 운영되는 프로토콜 다오, 커뮤니티의 성격을 가진 소셜 다오로 구분할 수 있다(각각의 사례들은 Part 3에서 자세하게 설명한다).

1) 인베스트먼트 다오

인베스트먼트 다오는 크게 2가지로 구분할 수 있다. 하나는 NEPTUNE(https://neptunedao.xyz)과 같이 구성원들이 자금을 모아 투자하는 다오다.

또 하나는 컬렉터, 즉 수집품에 투자하는 개념이다. 투자수익이 목표라는 것은 인베스트먼트 다오와 같지만 그 대상이 미술품과 같은 희귀품이라는 점이 다르다. 미국의 컨스티튜션 다오와 헤리티지 다오, 우리나라의 국보 다오가 대표적이다. 이들 모두 헌법과 국보(미술품)라는 희귀품의 낙찰을 목표로 추진된 특수목적의 다오다. 참여자들은 참여의 대가로 토큰을 받고, 이 토큰으

투자자들이 함께 모여 스케일이 큰 프로젝트에 투자하는 NEPTUNE 다오

(출처 : https://neptunedao.xyz)

로 수집품을 어떻게 운영할 것인지에 대해 결정할 수 있다. 플라
밍고 다오는 투자자가 100명으로 제한되어 있는데, 특정 NFT에
투자한 후 수익금을 나누는 형태로 진행된다.

2) 프로토콜 다오

프로토콜 다오는 디파이 등의 금융서비스와 연결된 형태다.
가장 유명한 디파이 프로토콜인 유니스왑은 참여자들이 맡긴 토
큰을 바탕으로 대출을 해주는 서비스를 하는데, 이에 대한 보상
으로 참여자들은 유니스왑 토큰을 받는다. 이 토큰은 거버넌스
토큰으로 사용되어 투표권을 행사할 수 있다.

3) 소셜 다오

소셜 다오는 작게는 계모임, 크게는 조합과 회사로 성장할 수 있는 다오를 말한다. 참여자들은 NFT나 거버넌스 토큰을 보유해 자신의 참여를 입증할 수 있다. 그리고 조직이 나아가는 방향이나 방침에 대해 의견을 개진하며 투표할 수 있는 다오도 소셜 다오로 볼 수 있다.

가장 긍정적이며 이상적인 다오의 모습은 공교롭게도 가장 불

우크라이나를 지원하는 Ukraine DAO 트위터와 노션 홈페이지

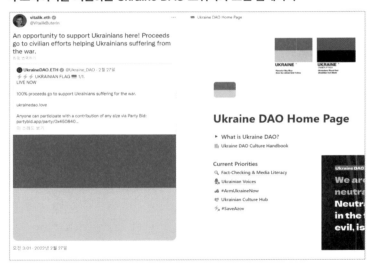

(출처 : https://twitter.com, https://ukraine-dao.notion.site/Ukraine-DAO-Home-Page-3a0e63c6190b4796890dec5c72a94872)

행한 전쟁에서 찾을 수 있다. 우크라이나 전쟁이 한창일 때 우크라이나를 돕기 위한 다양한 시도들이 있었다. 이 중 하나가 '우크라이나 다오'인데, 비탈릭 부테린 역시 자신의 트위터를 통해 적극적으로 다오를 알렸다. 우크라이나 다오의 목적은 하나였다. '자금을 모아서 우크라이나를 돕는 것!'이다. 우크라이나 전쟁이 시작된 날은 2월 20일인데, 불과 2주도 지나지 않아 전 세계 사람들에게 약 2,258이더(약 675만달러)를 모금받아 전달까지 이루어졌다. 다오가 할 수 있는 좋은 사례로 기억될 것이다.

최초의 다오

최초의 다오가 무엇이냐에 대해서는 논란이 있다. 그럼에도 불구하고 첫 시작은 아무래도 'The DAO'라는 이름을 가진 다오로 보는 게 맞다. The DAO는 이더리움을 만든 비탈릭 부테린이 제안해 실행된 프로젝트로, 스마트 컨트랙트로 내부 규약을 구성했다. 자신이 보유한 이더리움으로 이 프로젝트에 투자한 사람들은 다오 토큰을 받고, 이 토큰은 투표권으로 작용했다. 그런데 2016년에 문제가 발생했다.

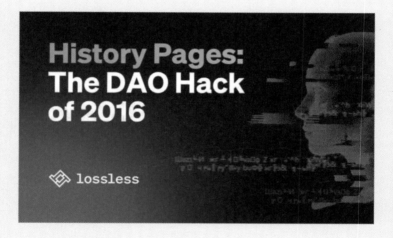

이더리움 블록체인의 약점이 아닌 The DAO의 문제였다. The DAO에서 투표를 통해 어떤 프로젝트가 진행되기로 결정됐다고 가정해 보자. 이에 동의하지 않는 사람

웹 3.0 - 참여, 공유, 보상이 가져오는 새로운 미래

들은 이더리움을 돌려받을 수 있는 기능이 있는데, 바로 이 부분의 코드값에서 문제가 발생하게 되었다. 해커들은 이 약점을 공격해 360만 개의 이더리움을 가져갔다. 그나마 다행인 건 스마트 컨트랙트에 의해 다오 토큰은 이더리움으로 환전 후 48일이 되어야 인출이 가능했기에 피해는 없었다.

하지만 완전 무결한 것으로 칭송받던 이더리움 네트워크의 약점이 발견되면서 이에 대한 해결책을 놓고 커뮤니티 내에서 대립이 이어졌다. 한쪽은 하드포크를 통해 해킹 이전으로 이더리움을 복구시키자는 입장이었고, 반대쪽은 해킹이 있더라도 블록체인에 손을 대서는 안 된다는 입장이었다. 이로 인해 결국 이더리움은 이더리움과 이더리움 클래식으로 나뉘게 된다.

물론 해킹은 다오 자체의 문제나 이더리움 네트워크 자체의 문제였다기보다 이를 활용한 디앱의 취약성을 공략한 것이었지만 블록체인에 대한 믿음에 찬물을 끼얹기에 충분했다.

7

디파이
(DeFi)

디파이**DeFi, Decentralized Finance**란 탈중앙화된 금융의 약어다. 탈중앙과 금융, 어찌보면 블록체인과 비트코인이 탄생했던 이유와 가장 맞닿아 있는 서비스라 볼 수 있다. 기존 금융권이 현금을 바탕으로 한 서비스라면 디파이는 코인을 바탕으로 한 금융서비스라고 정의할 수 있다.

주로 블록체인을 바탕으로 한 웹 3.0 기업들과 이 서비스에 참여한 개인들이 보유한 코인을 안전하게 보관하거나 대출을 받거나 투자를 하거나 자산가치를 평가받는 역할을 한다.

디파이의 장점

디파이는 크게 탈중앙화, 쉬운 접근, 개인정보 보호라는 3가지 장점이 있는데, 하나하나 살펴보자.

1) 탈중앙화

암호화폐를 거래할 때는 대부분 빗썸, 업비트, 바이낸스와 같은 거래소를 이용한다. 예를 들어 1이더리움을 팔겠다는 사람이 있고, 사겠다는 사람이 있다면 거래소는 이 둘 사이의 거래를 중개한다. 이처럼 거래를 중개하는 중심 역할을 하지만 암호화폐를 기반으로 사업을 하기에 이런 회사들을 디파이와 구분해 씨파이 CeFi라고 한다. 디파이는 이런 제3자의 개입 없이 거래되는 시스템을 말하며, 익명성이 보장되고 수수료도 적다(즉, 디파이가 탈중앙이라면 씨파이는 중앙이 있는 금융서비스라고 말할 수 있다).

DYDX, 유니스왑 그리고 팬케이크스왑이 대표적이며, 이 중 유니스왑이 글로벌 1위 업체이다.

유니스왑에서 기본적으로 제공하는 서비스는 코인 간의 교환, 즉 스왑이다. 이더리움에 기반해서 만든 토큰에 대해 중앙에서 중재하는 기관없이 코인 간의 교환비율을 정해 교환해 주는 서비스이다. 토큰을 교환해 주기 위해서는 유니스왑에서 보관하고 있

유니스왑 홈페이지

(출처 : https://uniswap.org)

는 토큰이 많을수록 서비스는 안정적으로 유지될 수 있고, 토큰
을 맡긴 사람들은 이자수익을 얻을 수 있다.

2) 쉬운 접근성

어느 나라에서나 금융회사를 만들기 위해서는 상당히 복잡한
절차를 거쳐 승인받아야 하며, 자기자본비율 등의 조건을 충족해
야 한다. 하지만 디파이는 블록체인을 이용해 코드를 짜서 오픈
하면 되기 때문에 이론상 누구나 만들 수 있다.

이용자들도 편리하게 이용할 수 있다. 예를 들어 우리나라에
서 미국 은행에 계좌를 개설하려면 조건이 까다롭고 복잡해 시도

조차 할 수 없다. 하지만 디파이 서비스를 이용한다면 암호화폐 지갑으로 로그인만 하면 된다.

3) 개인정보 보호

익명성을 바탕으로 개인정보가 보호된다는 건 다른 금융기관이 따라올 수 없는 장점이다. 예를 들어 은행에서 돈을 빌리기 위해서는 은행에 가서 우리가 가진 자산과 매월 받는 수입 등 대출을 받을만한 자격이 있다는 것을 입증해야 한다. 하지만 디파이에서는 자신이 누구인지를 밝힐 필요도 없고, 대출받은 자금을 어디에 쓸지 이야기하지 않아도 된다. 모든 것은 코드로만 존재하기에 코드라는 익명성이 개인들의 정보를 보호해 줄 수 있다.

디파이의 단점

전통적인 금융시장에 비해 디파이는 역사가 매우 짧다. 그런 만큼 무수히 많은 단점이 있다. 이 중에서 고민해야 하는 대표적인 단점 3가지를 살펴보자.

1) 유동성 부족이 일어날 경우

디파이에 유동성이 유지되기 위해서는 지속적으로 투자자들의 토큰이 유입되어야 한다. 이때 만약 플랫폼의 유지를 위해 나중에 등록한 투자자의 토큰으로 기존 고객의 토큰을 보상해 주는 방식이 적용되면 자칫 다단계가 될 수 있다.

유동성이 끊기게 되면 어떻게 될까? 어떤 은행이 문을 닫을지도 모른다는 소문이 들리면 사람들은 은행으로 달려가 빠르게 자신의 돈을 인출하려 한다. 은행들은 대부분 보유한 자금보다 더 큰돈을 빌려주기 때문에 한꺼번에 자금이 빠져나가게 되면 문을 닫을 수밖에 없다. 이를 '뱅크런'이라 하는데, 디파이에서는 이를 '코인런'이라고 한다. 2022년 초 테라-루나 사태 이후 디파이 플랫폼들에서 코인런이 일어났다. 디파이 업체 중 하나인 볼드는 3주 동안 2억달러(약 2,600억원) 어치의 코인이 빠져나가자 코인런을 막기 위해 인출 중단을 선언하기도 했다. 3AC는 영국 법원에서 파산 명령을 받았고, 셀시어스 역시 예금 인출 중단 후 파산하며 구조조정에 들어갔다. 셀시어스의 고객만 170만 명이며, 예금자들에게 지급한 이자는 18%대에 달했다.

2) 취약한 법적 보호

우리나라의 경우 은행이나 저축은행 등 금융기관에 맡긴 돈은 예금자보호법에 의해 1인당 5,000만원까지 보장받을 수 있다. 금융회사는 보험의 성격으로 예금보험공사에 기금을 내고 이 돈으로 보장해 주는 것이다. 보호대상은 은행, 증권회사, 보험회사, 종합금융회사, 상호저축은행 5개 금융권이며, 금고나 신용협동조합 등은 예금자보호법의 대상은 아니어서 자체적으로 보호기금을 운영하고 있다.

그렇다면 디파이는 어떨까? 탈중앙화의 단점이 여기에도 적용된다. 어느 누구에게 책임의 소재를 묻기도 어렵고, 법적인 보호장치도 구비되어 있지 않다.

3) 해킹 이슈

2022년 2월 3일 클레이스왑에서 22억원 규모의 해킹 사건이 일어났다. 디파이는 블록체인 기반의 시스템인데 어떻게 해킹이 일어난 걸까? 블록체인 네트워크 상의 문제가 아닌 인터넷을 주고받는 라우터가 해킹되었기 때문이었다. 이처럼 사용자들과 서버 간의 통신을 가로채는 BGP 하이재킹은 현재 보안체계에 대한 가장 큰 위협으로 알려지고 있다(클레이스왑을 운영하는 오지스는 전액 보상을 진행했다).

세상에 완벽한 보안이란 없다. 마찬가지로 완벽한 투자도 없다. 디파이가 금융을 혁신할 수 있는 멋진 프로토콜이라는 데에는 이견이 없다. 하지만 아무나 금융서비스를 하며 자금을 모을 수 있다면 불법 사채판이 될 위험도 있다. 은행들을 주관하는 은행인 한국은행이 있듯 디파이에서도 디파이에 대한 기준을 결정하며 투자자 보호의 역할을 수행할 수 있는 기관이 필요한 이유이다.

디파이 관련 용어

■ 파밍Farming, Yield Farming

파밍은 말 그대로 농사를 짓는다는 뜻이다(게임에서는 보통 아이템을 얻기 위해 단순 반복적인 일을 하는 것을 파밍이라 한다). 여기서 Yield Farming은 이자 농사를 의미하는데, 땅에다 씨를 뿌리고 수확을 하듯이 가지고 있는 토큰이 있다면 이걸 디파이에 뿌리고 이자를 받는 것을 말한다. 은행에 자금을 예치하고 이자를 받는 걸 생각하면 된다. 토큰을 디파이에 맡기는 걸 락Lock이라 하며, 토큰을 락하게 되면 정해진 기간 동안 뺄 수 없다. 은행의 정기예금과도 유사하다. 이자 농사를 통해 토큰을 받을 수 있다 보니 비트코인을 채굴하는 것과 비슷해 '채굴'이라고도 한다.

■ 스테이킹Staking

스테이킹은 토큰을 블록체인 네트워크에 맡겨서 블록 검증을 진행하는데 참여하는 것을 말한다. 이에 대한 보상으로 토큰이 주어진다. 토큰을 맡기고 보상을 받기 때문에 파밍과 비슷한 의미로 봐도 된다. 다른 점이라면 파밍은 토큰끼리 디파이 서비스 내에서 교환이 이루어지도록 유동성을 제공하는 것이고, 스테이킹은 블록 검증을 진행하는 것인데, 투자자 입장에서는 큰 차이가 없다.

■ **스왑SWAP**

스왑은 '바꾸다'라는 뜻으로, 코인과 코인을 교환하는 것을 말한다. 예를 들어 지금 가지고 있는 코인이 클레이밖에 없는데, 리플도 보유하고 싶다면 어떻게 해야 할까? 일반적인 거래의 경우 클레이를 팔아 현금화한 후 리플을 다시 구입해야 한다. 하지만 이때 코인 스왑을 하게 되면 내가 가진 코인과 다른 코인을 교환할 수 있다. 물론 이에 대한 수수료는 코인으로 지불해야 한다.

우리나라의 클레이스왑을 예로 들어보자. 클레이튼을 기반으로 한 NFT를 구매하기 위해 카이카스 지갑에 클레이를 입금해야 하는 경우 카이카스 지갑에 클레이를 넣

디지털 자산 기반의 자율 금융 프로토콜, 클레이스왑

(출처 : https://klayswap.com)

어야 하는데, 국내 거래소에서는 카이카스로 바로 보낼 수 있는 방법이 없다. 따라서 업비트와 같은 암호화폐 거래소에서 리플을 구입한 후 클레이스왑에서 클레이로 교환한 후 카이카스 지갑에 보내야 한다.

■ 유동성 풀LP, Liquidity pool

각각의 예치된 토큰들이 다파이 안에 들어있는 것을 말한다.

■ AMMAutomated Market Making

주식시장에서 주식을 사고팔 때에는 사고파는 사람들의 가격이 제시되며 결정되는데, 이를 오더북 방식이라고 한다. 이와 다르게 AMM은 스왑이 가능하도록 코인의 가치를 자동으로 계산해 주는 프로그램을 말한다. 유니스왑은 코인의 유동성에 따라 AMM을 통해 가격이 자동으로 결정된다.

8

메타버스
(Metaverse)

메타버스에 대한 관심

메타버스에 대한 관심은 2021년부터 전 세계적으로 이어졌다. MS, 엔비디아는 물론이고, 페이스북은 아예 회사 이름까지 메타로 바꾸면서 앞으로 5년 안에 메타버스 최고의 기업이 되겠다고 선언했을 정도다.

우리나라의 경우도 크고 작은 기업들이 저마다 메타버스 전략을 발표했고, 정부에서도 메타버스 인재 양성은 물론 각 지자체별로 메타버스와 관련된 다양한 사업들이 이어졌다.

그런데 기업과 조직들은 왜 갑자기 메타버스에 뛰어든 걸까?

웹 3.0 – 참여, 공유, 보상이 가져오는 새로운 미래

2021년에 출간한 《메타버스, 이미 시작된 미래》에서 필자는 메타버스가 거품인지 아니면 우리가 준비해야 할 미래인지를 이야기했다. 당시 내린 결론은 '우리가 준비해야 하는 미래는 맞지만, 지금은 너무 많은 기대로 인한 거품이 많다'고 진단했다. 너무 많은 기대는 결국 실망으로 이어지기 마련이다. 2022년 초부터 암호화폐에 대한 열기가 식고, 코로나 팬데믹이 정점을 지나며 오프라인이 회복되기 시작하자 메타버스에 대한 대중의 관심 역시 줄어들었다.

메타버스의 4가지 구분

복잡한 메타버스를 쉽게 이해하기 위해서는 자신만의 기준을 가지는 게 좋다. 메타버스는 VR/AR, SNS, 게임, 업무·교육 기반의 4가지로 구분해 볼 수 있다. 결국 언젠가는 손으로 만질 수 있는 인터넷 수준까지 진화한 VR/AR 기반으로 메타버스가 통합될 수 있겠지만, 그전까지는 나머지 3가지 부분에서의 성장이 기대되기 때문이다.

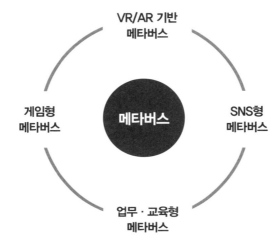

메타버스의 4가지 구분

VR/AR 기반
메타버스

게임형
메타버스

메타버스

SNS형
메타버스

업무 · 교육형
메타버스

　　SNS형 메타버스는 나를 대신하는 아바타를 통해 소셜 활동을
하는 것을 말하며, 제페토와 싸이월드를 들 수 있다. 게임을 기반
으로 한 메타버스는 로블록스와 마인크래프트가 있고, 블록체인
을 기반으로 한 게임은 더샌드박스와 디센트럴랜드가 대표적이
다. 회의·업무·교육을 위한 메타버스는 게더타운과 ZEP, 이프랜
드가 있다.

메타버스와 웹 3.0의 연결

메타버스와 웹 3.0의 연결은 구체화, 적극적인 참여, 수익화란 3가지 포인트로 설명할 수 있다.

1) 구체화

구체화는 어떤 현상을 명확하게 함을 뜻한다. 예를 들어 어떤 브랜드의 신발을 샀을 때 포인트를 적립받는다면 이건 웹 2.0이다. 그런데 신발을 샀을 때 NFT로 디지털 신발을 무료로 받을 수 있다면 어떨까? 더 나아가 이 신발을 제페토에서도 아바타가 신는 아이템으로 가질 수 있다면 보다 구체적으로 눈에 보이는 보상이 된다. 이처럼 메타버스 플랫폼은 막연하게 느껴지는 웹 3.0을 구체화시키는 힘을 가진다. 반대로 메타버스 내에서 디지털 반지를 하나 샀다고 가정해 보자. 현실세계에서는 그 반지를 볼 수 없지만 스마트글래스를 끼고 햅틱장갑을 착용했을 때 만질 수 있다면 디지털을 현실세계에서 구체화했다고 말할 수 있다. 메타버스를 '만질 수 있는 구체화된 인터넷'이라고 이야기하는 건 이 때문이다.

2) 적극적인 참여

메타버스는 적극적인 참여를 이끌어 내는 도구로 작용할 수 있는데, 이는 2가지로 구분할 수 있다.

하나는 각 커뮤니티 구성원들이 만날 수 있는 사이버 공간의 의미다. 업무를 하기 위해 직장인들이 만나는 업무용 메타버스뿐 아니라 친목도모를 위한 메타버스도 해당된다. NFT 붐이 불었을 때 PFP(일명 프로필 사진으로 쓸 수 있는 NFT)가 유행했다. 1만 개의 서로 다른 원숭이의 얼굴을 가진 BAYC가 대표적인 PFP NFT이다.

보통 NFT를 보유한 커뮤니티 구성원들이 서로 교류하는 방법으로는 디스코드, 카카오 오픈채팅방 등의 채널을 활용하는데, 글로 만나는 건 한계가 있다. 당연히 오프라인 모임이 좋기는 하나, 전 세계에 있는 멤버들이 만나기에는 시간과 공간적으로 제한이 있다. 여기서 해결책으로 쓰일 수 있는 것이 바로 메타버스다. 그래서 NFT 프로젝트들은 자체적으로 메타버스를 만들거나, 이미 만들어진 메타버스를 활용해 모임을 가진다. 또 디센트럴랜드, 더샌드박스 등 블록체인을 기반으로 한 게임 속에서 판매하는 희소가치 있는 부동산(랜드 NFT)을 구입해 커뮤니티 멤버들을 위한 공간을 꾸며 아지트로 만들기도 한다.

또 하나는 메타버스를 통해 코인을 사용하게 할 수 있다. 어떤 회사에서 코인을 발행하게 되면 사용처가 있어야 한다. 이를 현실세계에서 다양한 제품이나 서비스와 교환하기 위해서는 여러

회사들과 제휴를 맺어야 하기에 복잡하고 시간이 많이 걸린다. 하지만 메타버스 내에서 다양한 추가 아이템을 구매하게 한다면 코인의 사용처가 명확해지고 발행된 코인은 지속적으로 소각시킬 수 있게 된다. 발행된 코인이 사용되지 않고 사람들이 가지고만 있으면 코인의 가치는 당연히 하락할 수밖에 없다. 따라서 메타버스 내에서 사용할 수 있게 만들어 주면 코인이 돌고 도는 선순환을 일으키게 된다.

3) 수익화

웹 3.0의 핵심은 참여와 공유, 보상이다. 적극적으로 참여한 사람들은 제대로 된 보상을 받아야 하는데, 이를 위해서는 적극적으로 참여할 수 있는 토대가 마련되어야 한다. 이 부분에서 메타버스는 강력한 참여도구를 제공할 수 있다. 로블록스, 제페토, 더샌드박스 등 다양한 메타버스에서는 '빌더' 또는 '스튜디오'라는 이름의 게임이나 아이템 제작 도구를 제공하고 있다. 빌더를 통해 누구나 쉽게 아바타가 사용할 아이템이나 게임 맵을 만들 수 있고, 이렇게 만든 아이템과 맵을 메타버스 내에서 판매해 참여자는 수익을 올릴 수 있다. 앞으로 AR글래스가 일상이 되면 현실세계에 있는 재화만큼 눈앞에 보이는 가상의 재화는 더 많은 것들이 만들어져야 한다. 이를 통한 수익화 모델도 더 커질 거라 예상할 수 있다.

따라서 메타버스 사업을 준비하고 있는 곳이라면 빌더를 활용한 자유로운 참여, 이에 대한 보상, 현실세계와의 연동에 대해 고민해야 한다.

웹 3.0 도입에 따른 우려

웹 3.0을 적용해 블록체인 방식으로 만들어진 메타버스인 디센트럴랜드, 더샌드박스와 같은 서비스들이 우려해야 할 점은 '접근 난이도'와 '재미요소'이다.

블록체인 방식의 메타버스는 블록체인, NFT, 코인 등 관련 내용들을 잘 아는 사람이라면 쉽게 접근할 수 있지만 처음 시작하는 사람들에게는 어렵다. 메타버스에 접속할 때마다 자신의 암호화폐 지갑을 연동하는 것도 어렵고, 아이템을 사거나 랜드를 구입할 때 NFT거래소나 별도의 마켓 플레이스에서 암호화폐를 구매하는 것도 쉽지 않다. 따라서 모두의 메타버스가 되기 위해서는 접근 난이도를 낮출 필요가 있다.

두 번째 고려해야 할 점은 재미요소다. 이는 접근 난이도보다 더 신경 써야 할 부분이다. 처음에야 '와, 이게 메타버스구나. 다

디센트럴랜드에 접속한 모습

(출처 : 세컨드브레인연구소)

양한 활동을 할 수 있고, 보상도 받을 수 있구나'라며 감탄하겠지 만 이내 어떻게 해야 할지 몰라 헤매는 경우가 많다. 랜드를 소유 하거나 아이템을 소유한다 해도 재미의 요소보다 투자심리가 더 작용하다 보니 조금이라도 가치가 하락하면 민감해질 수밖에 없 다. 지속적으로 가격이 오르기 위해서는 이용자가 많아야 하는 데, 접근이 쉽지 않고 재미가 없다면 이용자는 금방 떠나게 된다. 즉, 수익화를 빼고도 즐길만한 요소가 많아야만 블록체인 기반의 메타버스가 살아남을 수 있다. 그렇지 않다면 기존의 유저들이 자신의 돈을 투자했기 때문에 어쩔 수 없이 접속해야 하는 형태 로 남게 된다.

SNS형 메타버스의 특징

제페토, 이프랜드, 게더타운과 같은 SNS형 메타버스의 특징은 각각의 장점이 명확하다는 점이다. 제페토는 아바타를 예쁘게 꾸밀 수 있고, 맵을 실제 현실보다 멋지게 만들 수 있으며, 이에 따른 크리에이터들의 참여와 보상도 활발하다. 이프랜드는 쉽게 모임공간을 만들어 아바타로 대화를 나눌 수 있는 기능에 특화되어 있어 하루에도 수백 개의 모임이 열리고 있다. 게더타운은 사무공간을 쉽게 만들어 원격회의도 하고 업무도 할 수 있는 공간으로 성장했다.

그런데 만약 여기에 NFT와 코인이 도입되면 어떨까? 이때 우려해야 할 점은 '복잡성'이다. 아바타의 옷을 사려고 할 때 처음에는 젬과 코인으로 가능했는데, 갑자기 암호화폐 지갑을 연동하거나 이더리움으로만 살 수 있게 된다면 이용자들은 혼란스러워진다. 이프랜드에서 강연을 열었는데 이에 대한 보상을 코인으로 제한하고, 강연장을 꾸밀 때에도 NFT를 구매해야 공간을 꾸밀 수 있다면 보상보다는 복잡성 때문에 떠날 수 있다.

물론 이에 대한 더 큰 가능성도 생각해 볼 수 있다. 이미 이프랜드에는 2022년 9월부터 보상 제도가 도입되어 있다. 방을 만든 호스트에게 후원을 할 수 있는 제도로, 이렇게 쌓인 후원금은 현금화할 수 있다. 또 SK그룹에서 준비 중인 SK코인(가제)과 연동된다면 사용처는 더 넓어지게 된다.

하지만 복잡하고 어려워지는 것은 계속해서 경계해야 한다. 이제 막 시작해 보려고 준비하는 수많은 잠재고객들이 사용해 보기도 전에 어려운 절차를 만나게 되면 등을 돌리게 될지도 모르기 때문이다. 따라서 웹 3.0의 생태계를 만들어 가는 것은 신중하게 접근할 필요가 있다. 주변 경쟁자들이 빠르게 움직인다고 해서 웹 3.0의 요소에 해당하는 것들을 이것저것 다 붙여넣지는 말아야 한다.

WEB
3.0

PART 3

웹 3.0 시대의
대표 기업 분석

Part 3에서는 앞서 이야기한 웹 3.0의 다양한 기술들을 바탕으로 성장하는 대표적인 기업들을 알아보자. 각 기업들은 커뮤니티, 월렛, 게임, 다오 등 다양한 영역에서 참고할 수 있는 기업들이다. 다만 워낙 빠르게 변하고 있는 기업들이기에 이 글을 읽을 때에는 또 다른 정책이 적용되어 있을 수 있다. 하지만 본질적인 것은 변하지 않으니 핵심적인 내용 위주로 살펴보기 바란다.

1
커뮤니티 기반 웹 3.0
- 레딧, 스팀잇

레딧

2005년에 오픈한 레딧(reddit.com)은 월 방문자 4억 3,000만 명을 자랑하는 미국 최대의 커뮤니티 사이트다. 2021년 초 일어났던 게임스탑 공매도에 대항해 개미투자자들이 뭉쳤던 곳으로도 유명하다. 공매도를 했던 헤지펀드 멜빈캐피탈은 결국 파산했다.

우리나라의 클리앙, 뽐뿌, 보배드림, 디씨인사이드처럼 게시판을 기반으로 수많은 사람들이 자신의 일상을 올리거나 질의응답식으로 서로 이야기를 나누는 곳이다. 이용자들은 어떤 주제든 상관없이 누구나 '서브 레딧'이란 이름의 게시판을 개설할 수 있

미국 최대의 커뮤니티 사이트, 레딧

(출처 : https://www.reddit.com)

다. 그리고 각각의 게시물에는 투표Vote 기능이 있는데, 투표 점수에 따라 이용자들이 쓴 글은 베스트 글로 올라갈 수 있고, 순위에서 밀려날 수도 있다. 작성자들은 추천 수에 따라 커뮤니티 포인트를 받는데, 이 포인트로 댓글에 사용할 수 있는 이모티콘이나 GIF 이미지를 살 수 있다.

레딧이 매력적인 건 웹 3.0 기업의 핵심 경쟁력인 커뮤니티를 이미 가지고 있기 때문이다. 또 레딧은 NFT 사업에도 적극적으로 뛰어들어 2021년 6월 CryptoSnoos란 이름의 4종의 NFT를 출시했고, 7월에는 1,300개의 동일한 NFT인 The Senses를 판매했다.

웹 3.0 – 참여, 공유, 보상이 가져오는 새로운 미래

Reddit CryptoSnoos와 The Senses NFT

(출처 : https://opensea.io)

레딧에서는 누구나 자신의 아바타를 만들 수 있는데, 2022년 7월에는 아바타 판매 장터인 컬렉터블 아바타 마켓 플레이스를 오픈했다. 아바타는 암호화폐가 아닌 법정화폐(달러)로만 구입하도록 해 일반인도 쉽게 참여할 수 있게 했다.

2020년에는 이더리움을 기반으로 한 커뮤니티 포인트를 출시했다. 이 포인트는 서브 커뮤니티의 운영방식에 대해 투표하는데 사용할 수 있고, 커뮤니티별 멤버십에 참여를 이끌어 내기 위한 인센티브 제도로도 적용될 수 있다.

가장 흥미로운 건 '각 하위 레딧별 자체 커뮤니티 포인트 토큰 생성' 기능이다. 이건 마치 위메이드와 같은 기업들이 자신들이 만든 블록체인을 기반으로 관련 게임회사들을 참여시키고, 위믹스달러를 기축통화로 쓰려는 것과 같다.

레딧은 홈페이지를 통해 '블록체인이 커뮤니티에 더 많은 권

레딧의 커뮤니티 포인트 사이트

(출처 : https://www.reddit.com/community-points)

한을 부여하고 독립성을 부여할 것'이라고 밝히고 있는데, 이는
커뮤니티를 기반으로 각각의 커뮤니티가 성장해 나갈 수 있도록
만들겠다는 생각이다. 우리나라의 커뮤니티 사이트들이 레딧을
주목해야 하는 이유이다.

스팀잇

스팀잇(steemit.com)은 블록체인 기반의 SNS다. 사이트의 형태

블록체인 기반의 SNS, 스팀잇

(출처 : https://steemit.com)

는 SNS라기보다 티스토리와 같은 블로그에 더 가까워 보이지만 커뮤니티가 있다는 점에서 SNS로 분류할 수 있다.

누구나 글을 올릴 수 있고, 이용자는 일주일 동안 해당 글에 Upvote(좋아요)를 눌러 동의할 수 있다(이런 점에서는 레딧과 유사하다). vote를 많이 얻은 콘텐츠는 암호화폐 STEEM을 리워드로 받을 수 있다.

스팀잇이 웹 3.0에 가장 잘 어울리는 커뮤니티인 이유는 글을 쓰는 사람뿐 아니라 읽고 보팅한(vote를 누른) 사람에게도 리워드를 주기 때문이다. 리워드되는 STEEM의 70% 이상은 작성자가 가져가고, 나머지는 투표에 참여한 사람들이 나누어 가지는 구조이

스팀잇에 글을 쓰면 보상을 받을 수 있다.

(출처 : https://steemit.com/steem)

다. 덕분에 글을 읽는 사람도 많아지고 좋은 글은 점점 상위로 올라 더 많은 보팅을 받게 된다.

네이버 블로그나 티스토리 등의 블로그는 광고 배너를 달아 수익을 올리는데, 이 경우 자칫 글쓴이의 의도와는 다른 배너가 연결되어 글의 가독성과 품질을 떨어트리기 쉽다. 이에 비해 스팀잇은 좋은 글을 쓰고 공유하고 참여하는 것만으로 수익을 낼 수 있다는 점이 다르다.

그런데 왜 스팀잇을 블로그가 아니라 SNS라 하는 걸까? 단순하게 생각하면 매일매일 작정하고 엄청 많은 글을 쓰거나, 엄청 많은 글을 읽고 보팅하면 많은 스팀파워를 얻을 수 있을 것 같다. 하지만 그렇지 않다. 네이버 블로그를 생각해 보자. 아무리 좋은 글을 쓰더라도 그 글이 대중에게 노출되고 사랑받기까지는 시간이 걸린다. 그런데 서로이웃이 되어 있는 사람들이 많다면 어떤 글이 올라왔을 때 품앗이하듯 서로가 빠르게 글을 읽고 댓글을 달거나 좋아요를 눌러줄 수 있다. 스팀잇 역시 마찬가지다. 서로 이웃을 하듯 서로 보팅을 해주는 네트워크 구조가 만들어지기 때문에 SNS의 성격을 가진다고 보는 것이다(다만 글을 읽지도 않고 보팅하는 커뮤니티가 긍정적이지는 않다).

스팀잇의 문제점

스팀잇은 다양한 보상체계와 토큰 설계 등 긍정적인 부분이 많은 서비스임에도 불구하고 STEEM 토큰 시세에 영향을 받다 보니 시세가 떨어지면 스팀잇에 대한 대중의 관심도 줄어들게 된다. 또 수익의 대부분을 글쓴이와 이용자들이 가져가다 보니 회사의 수익모델이 갖춰지지 않아 운영에 어려움이 있었다. 비슷한 서비스를 준비 중이라면 고민해야 할 부분이다.

1) 돈으로 평가 받는 글쓰기

모든 커뮤니티에서 고민해야 할 부분으로, '돈'이 얽히는 순간 커뮤니티는 건전해지기 어렵다. 대부분의 커뮤니티는 처음부터 돈을 벌 생각으로 운영되지 않고 신변잡기 등 자신이 올리고 싶은 내용들을 올리는 것으로 시작한다. 이 과정에서 자연스럽게 팬이 늘고 소통하기 시작하며 건전한 커뮤니티로 발전하게 되는데, 스팀잇은 처음부터 STEEM이란 보상을 받고 스팀파워를 모으는 방식으로 운영되다 보니 많은 글들이 STEEM을 모으기 위한 글이 될 수밖에 없었다. 정말 고민을 해서 오랜 시간을 투자해 쓴 글이 대충 몇 분 만에 휘갈겨 쓴 글보다 보팅 수가 적다면 진지한 글쓰기는 줄어들 수밖에 없다.

2) 수익배분 방식

보팅에 대한 리워드는 글쓴이(크리에이터)가 70% 이상 가져가고 나머지는 투표한 사람에게 배분되다 보니 운영하는 회사가 가져가는 몫이 없다. 이런 식으로 회사에 운영자금이 충분하지 못하다면 지속적인 서비스 개편도 이루어지기 어렵다. 회사는 코인의 운영을 통해 수익을 얻게 되는데 이 역시 오래 갈 수 없는 모델이다.

3) 삭제 불가능

어느 날 술자리에서 SNS에 글을 올렸다가 아침에 깜짝 놀라 글을 지운 경험이 있다면 삭제할 수 없는 글이라는 게 얼마나 무서운지 잘 알고 있을 것이다. 스팀잇의 경우 블록체인으로 운영되기에 7일이 지나면 삭제할 수 없다. 물론 이를 문제점이라고 보는 데에는 이견이 있을 수 있다. 오히려 글을 더 조심해서 쓰게 되는 장점이 될 수도 있지만, 누군가를 저격하는 글이나 선동·선정적인 글이라면 커뮤니티에 미치는 부정적인 영향은 더 클 수 있다.

이런 이슈들이 겹치며 스팀잇은 결국 2020년 트론 재단에 인수되었다.

2
결제·월렛 기반 웹 3.0
- 메타마스크, 블록, 페이팔

메타마스크

블록체인과 암호화폐는 메타마스크Metamask를 빼놓고는 이야기할 수 없다. 메타마스크를 서비스하는 곳은 이더리움의 공동창업자인 조셉 루빈이 2014년 설립한 컨센시스ConsenSyS이다.

메타마스크는 크롬, 사파리, 파이어폭스 등의 웹 브라우저와 스마트폰 앱에서도 사용 가능한 범용성 있는 암호화폐 지갑이다. 이제는 단순히 이더리움을 보관하는 것 외에 폴리곤 등의 네트워크와도 연동되며, 디파이 기능 중 하나인 코인 간의 전환(스왑)도 제공하고 있다.

웹 3.0 – 참여, 공유, 보상이 가져오는 새로운 미래

컨센시스는 메타마스크 지갑을 운용하며 매달 1,000만달러 (한화 124억원) 이상을 벌어들이는 것으로 알려져 있다. 2022년 월 이용자 수는 3,000만 명을 돌파했고, 기업가치는 70억달러(약 8조 7,100억원)에 달할 정도로 큰 기업으로 성장했다.

2022년 2월에는 암호화폐 지갑 서비스를 제공하는 마이크립 토MyCrypto를 합병했고, 3월부터는 모바일 앱 업데이트를 통해 애 플페이로 간편하게 이더리움을 구입할 수 있게 되었다. 향후에는 DAO를 출범하고 자체 토큰을 출시할 계획도 가지고 있다.

암호화폐 지갑은 웹 3.0의 세계와 연결되는 핵심기술이다. 컨 센시스는 이를 바탕으로 자금을 모으고 자체 토큰과 NFT를 발행

암호화폐 지갑, 메타마스크

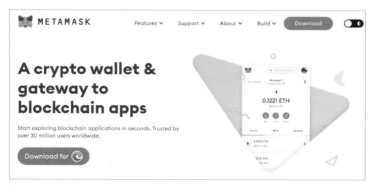

(출처 : https://metamask.io/)

하는 등 메타버스의 확장을 차근차근 이루어가고 있다.

스퀘어(블록)

   핀테크의 대표적인 회사인 스퀘어는 트위터의 설립자인 잭 도시가 트위터와 함께 운영하던 회사이다. 2021년 말 잭 도시는 트위터에서 손을 떼고 스퀘어에만 전념하기로 하며, 회사 이름을 스퀘어에서 '블록BLOCK'이란 다소 공격적인 이름으로 바꾸었다.

트위터의 공동 창업자인 잭 도시가 창업한 온라인 결제서비스 기업, 스퀘어

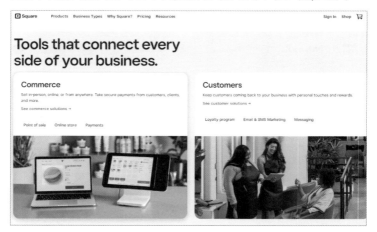

(출처 : https://squareup.com)

그만큼 블록체인에 대한 애정을 가지고 있기 때문인데, 이후 광폭 행보가 이어지고 있다. 스퀘어에서 비트코인을 전담하던 사업부인 스퀘어크립토는 스파이럴Spiral로 이름을 바꿨고, 2021년 11월에는 tbDEX라는 이름의 탈중앙화 거래소를 출범할 계획과 함께 백서Whitepaper를 내놨다. 2021년 12월에는 '라이트닝 개발자 키트'를 공개했는데, 이 서비스는 비트코인 송금과 결제를 빠르게 처리하는 서비스이다.

개인과 개인 간(P2P) 무료 송금서비스, 캐시앱

(출처 : https://cash.app)

미국 최대의 간편결제 서비스를 제공하는 스퀘어는 번거로운 카드 단말기 없이 스마트폰에 정사각형의 단말기를 꽂아서 카드 결제를 받을 수 있는 서비스로 시작해, 개인과 개인 간**P2P** 송금할 수 있는 캐시앱을 만들었다. 지금은 투자는 물론 비트코인 구입과 주식, 대출 서비스까지 진출해 전통적인 금융과 새로운 금융 모두를 아우르는 금융회사가 되었다.

스퀘어는 언제나 혁신적인 서비스로 기존 금융서비스와의 경쟁에서 이겨왔다. 스퀘어가 사업을 시작했을 당시 다른 회사들의 신용카드 수수료는 4% 정도였다. 이때 스퀘어는 수수료를 2.75%로 낮추고, 입회비를 면제하며 공격적으로 영업을 했다. 게다가 10달러 상당의 단말기는 포인트와 연계해 사실상 무료로 제공했다.

2014년 아마존이 스퀘어와 비슷한 신용카드 리더기를 만들고, 카드 수수료를 1.95%로 낮추며 이 시장에 진출했다. 누가 봐도 스퀘어를 치킨게임의 패자로 만들겠다는 전략이었다. 그런데 스퀘어는 수수료를 인하하지 않고 원래 방식 그대로 서비스를 이어갔다. 이 싸움의 결과는 2015년 아마존이 결제 단말기 사업을 중단하는 것으로 막을 내렸다. 이는 스퀘어가 기존 금융권이 하던 서비스들을 자신들의 스타일로 혁신해 온 경험이 있기 때문에 가능한 결과였다. 이런 경험을 가진 블록(스퀘어)이 이끄는 웹 3.0이 기대되는 이유이다.

페이팔

    페이팔은 1998년 피터틸, 일론 머스크, 켄 하우리 등이 주축이 되어 시작한 간편결제서비스다. 이들은 페이팔을 이베이에 매각하며 매각대금으로 각자 새로운 사업을 시작했고, 각각 성공적인 회사를 만들었다. 그래서 이들을 '페이팔 마피아'라 부른다.

미국의 대표적인 간편결제서비스, 페이팔

(출처 : https://www.paypal.com)

페이팔은 가장 먼저 간편결제서비스를 시작했지만 아마존이 이베이보다 더 큰 성장을 하면서부터 위기를 맞았다. 온라인 간편결제는 아마존에게 위협을 받고, 모바일 결제시장에서는 스퀘어와 벤모 같은 작고 빠른 스타트업들에게 쫓기며 새로운 성장동력을 찾아야 했다.

페이팔이 선택한 것은 공격적인 인수합병이었다. 간편송금 앱 Venmo를 2012년 인수했고, 국제 송금사업 XOOM, 유럽판 스퀘어라 불리던 Zettle 등 핀테크 회사들을 끊임없이 인수하며 금융

페이팔 관련 회사

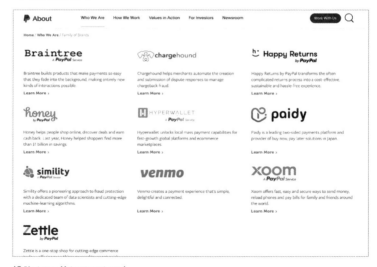

(출처 : https://about.pypl.com)

과 관련된 전체 서비스를 준비해 나갔다.

2020년 11월에는 암호화폐의 매매와 결제 서비스를 시작하며, CEO 댄 슐먼은 "2,800만 개의 가게에서 비트코인을 사용할 수 있도록 하는 게 목표"라고 포부를 밝혔다. 이를 통해 페이팔이 생각하는 암호화폐는 투자가 아닌 실생활에서의 거래라는 것을 알 수 있다.

하지만 아직까지 페이팔이 웹 3.0에 있어 다른 회사의 서비스들과 어떻게 연동되며 참여자들에게 어떤 보상을 할 것인지는 명확하지 않다. 그럼에도 불구하고 이미 수많은 사람들이 사용하고 있는 페이팔이 웹 3.0 서비스에 지속적으로 나서고 있는 것은 지켜볼 필요가 있다.

3
게임 기반 웹 3.0
- 위메이드, 디센트럴랜드

위메이드

위메이드는 2000년 설립된 우리나라의 게임회사다. 가장 주목받은 게임은 P2E(Play to Earn, 돈 버는 게임)를 접목한 '미르4'다.

위메이드가 처음 택한 체인은 클레이튼 네트워크였다. 앞서 이야기한 것처럼 토큰이 잘되면 독자적인 블록체인 네트워크를 만들어 독립적인 코인이 될 수 있다. 위메이드 역시 마찬가지다. 2022년 10월 자체 블록체인 네트워크인 위믹스3.0을 정식 런칭했다. 위믹스3.0의 핵심은 위믹스 플레이, NILE, 위믹스 파이다.

위믹스 플레이는 P2E 게임 플랫폼으로, 플레이스토어나 앱스

P2E 게임 플랫폼 웨믹스 플레이와 디파이 서비스 위믹스 파이

(출처 : https://wemixplay.com https://wemix.fi)

토어처럼 위믹스 블록체인을 기반으로 한 게임들이 등록되는 곳
이다. NILE은 'NFT Is Life Evolution'의 약어로, NFT와 DAO를 기
반으로 한 프로젝트다. 한마디로 정의하자면 누구나 쉽게 NFT
를 만들고 다오를 구성할 수 있게 해주는 서비스다. 위믹스 파이
(WEMIX.Fi)는 디파이 서비스로, 스테이킹·스왑·풀·대출 등 코인
과 관련된 금융서비스를 제공한다.

　위메이드는 '위믹스3.0은 모든 것을 품는 메가 에코 시스템'
이라며, 위믹스 블록체인을 통해 게임을 넘어 사회 전반적인 모
든 곳에 이용할 수 있도록 확장하겠다고 발표했다. 하지만 2022
년 11월 암호화폐 거래소 협의체 DAXA의 결정에 의해 위믹스가
국내 암호화폐 거래소에서 상장 폐지되며, 서비스 확장에 제동이
걸렸다.

디센트럴랜드

디센트럴랜드는 블록체인을 기반으로 한 게임으로, 특정 프로그램의 설치 없이 웹 브라우저를 통해 접속할 수 있다.

디센트럴랜드에서는 땅을 사서 원하는 건물을 지을 수 있다. 부동산을 가지고 있으면 전시관을 만들 수도 있고, 파티를 열 수도 있다. 또 아이템을 만들면 마켓 플레이스에서 이를 판매할 수도 있다.

디센트럴랜드에서 통용되는 토큰은 'MANA'와 'LAND'인데, 이를 보유하면 디센트럴랜드의 다오DAO에 참여할 수 있다. MANA는 디센트럴랜드의 화폐로 다양한 재화를 살 수 있고, 상장되어 있는 암호화폐 거래소에서 현금화할 수도 있다. LAND는 '부동산'으로, 총 9만 개로 정해져 있어 희소성이 있다. 메타버스에 대한 관심이 높았던 2021년 12월 기준으로 LAND의 시가총액만 59억 3,000만달러(약 7조원)에 달하기도 했다.

디센트럴랜드의 가장 큰 장점은 블록체인을 기반으로 하여 처음부터 탈중앙화를 구축했다는 점이다. 다오 역시 잘 운영되고 있어 유저들이 자신들이 참여하고 만들어 가는 세상이라는 느낌을 가질 수 있다. 1MANA는 1개의 투표권을 가지고, 1LAND는 2,000개의 투표권을 행사할 수 있다.

단점은 다오가 가지는 일반적인 단점 그대로다. 코인 소유자들이 투표권을 행사할 때 코인의 보유 수에 따라 발언권이 커지기 때문에 일부 부자들에게 장악될 수 있다. 또 하나의 단점은 일반인들이 사용하기에는 어려운 서비스라는 점이다. 게임의 재미를 느끼기 위해서는 다른 게임을 하는 게 낫고, 메타버스의 세상에서 다른 사람들과 교류를 하는 게 목적이라면 제페토나 게더타운과 같은 서비스를 이용하는 게 낫다.

디센트럴랜드의 정책을 함께 결정하기 위해 만들어진 디센트럴랜드 다오

(출처 : https://dao.decentraland.org)

결국 희소성을 가진 LAND와 투자가치가 있는 코인MANA이 있기에 디센트럴랜드가 유지되고 있다. 따라서 남은 숙제는 지금까지 받은 관심을 바탕으로 얼마나 재미있는 서비스로 확장할 수 있느냐일 것이다.

4
M2E 기반 웹 3.0
– 스테픈, 스니커즈, 슈퍼워크

M2E**Move to Earn**는 움직이는 만큼 돈을 버는 서비스를 말한다. 걷는 만큼 보상해 주는 만보계 서비스가 대표적이다. 물론 이건 블록체인이나 웹 3.0을 이야기하지 않아도 이미 서비스되고 있었지만, 여기에 블록체인이 적용되면 더 정확하고 많은 보상을 얻을 수 있다. M2E 서비스의 대표주자는 스테픈이다.

스테픈

스테픈(stepn.com)은 2021년 10월 솔라나 해커톤에서 처음으로

게임과 소셜 기능을 곁들인 웹 3.0 라이프스타일, 스테픈

(출처 : https://stepn.com/howToPlay)

등장했다. 앱에서 NFT 운동화를 구입한 후 걷거나 뛰는 운동을 통해 코인을 얻는 M2E 서비스이다. 스테픈에는 워커, 조커, 러너, 트레이너의 4가지 NFT 신발이 있다.

사용하는 방법은 어렵지 않다. 이 4가지 신발 중 하나를 구입한 후 운동을 시작하기 전 '시작하기' 버튼을 누르면 된다. 아디다스나 나이키 앱에서 달리기를 시작할 때 Start 버튼을 누르는 것과 같다.

이렇게 달리거나 걸은 거리가 쌓이게 되면 거리에 대비해 GST 토큰을 받게 된다. 신발의 종류에 따라 얻을 수 있는 보상의 크기

웹 3.0 – 참여, 공유, 보상이 가져오는 새로운 미래

도 달라진다. 이렇게 보상받은 코인은 상장되어 있는 암호화폐 거래소를 통해 현금으로 인출할 수 있다.

스테픈 코인은 GST, GMT의 2가지가 있다. GST는 유틸리티 토큰(명확한 기능이 있는 토큰)으로, 신발 구입, 신발의 내구성 강화, 레벨업 등에 쓰인다. GMT는 10, 20, 30 레벨 등 특정 레벨을 달성하는데 도움을 주고, 레어 이상의 신발을 만드는 데 쓰인다. GMT는 거버넌스 토큰으로, 토큰 보유량에 따라 더 많은 투표권을 얻을 수 있다.

바이낸스 거래소에서 스테픈 NFT를 거래할 수 있다.

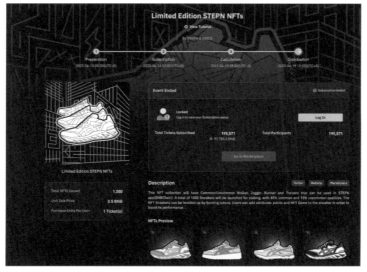

(출처 : https://www.binance.com/en/nft/staking/stepn)

GST의 발행량은 무제한인데 반해, GMT는 60억 토큰으로 한정되어 있다. 암호화폐 거래소에서는 GMT만 거래되기 때문에 GST를 현금화하기 위해서는 SOL(솔라나 코인)이나 GMT로 변환해야 한다. 또 GST를 획득한 사람들은 은행에 예금을 하는 것처럼 끊임없이 쌓아두었다가 한 번에 인출할 수 있다. 다만 이렇게 오래 기다리다가 엄청난 가격 폭락이 일어날 수도 있다.

스니커즈

괜찮은 사업모델이 보이면 다른 회사들 역시 바로 준비해서 뛰어든다. 국내에서는 스니커즈(thesnkrz.com)를 비롯해 많은 프로젝트들이 스테픈의 사업모델을 거의 그대로 가져왔다. 스니커즈는 클레이튼을 기반으로 한 프로젝트로, 컴투스와 위메이드 등의 대기업에서 투자를 했다.

민팅 당시 50~280클레이 정도에 NFT 스니커즈가 판매되었고, 2022년 9월에는 2,000클레이까지 상승하기도 했다.

스니커즈가 스테픈과 다른 점은 NFT가 없어도 참여가 가능한 오픈 버전이 있다는 점이다. 오픈 버전은 달릴 때마다 포인트를 적립해 주는데, 이 포인트는 신발을 레벨업하거나 수리하는데 쓸

걷기만 해도 코인이 쌓이는 블록체인 리워드 기반의 M2E 서비스, 스니커즈

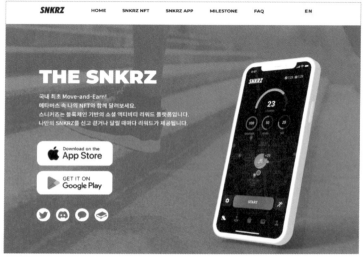

(출처 : https://www.thesnkrz.com)

수 있다. 정식 NFT버전의 맛보기 과정이라 생각하면 된다. SKZ 코인은 걷거나 뛰어서 받을 수 있고, FnF란 이름의 거버넌스 토큰도 존재한다. 락업 시스템이 존재해 NFT를 3개월 이상 보유하게 되면 1,000개 이상의 FnF 토큰을 지급받을 수 있다.

스테픈과 다르게 스니커즈는 사이클 모드, 하이킹 모드 등 추가 운동 모드를 지원하고, NFT가 없는 유저들을 위해 소유자들이 신발을 렌탈해 주는 기능도 있다.

슈퍼워크

프로그라운드가 개발한 슈퍼워크(superwalk.io)는 네이버Z, 크림, 위믹스 등 대형회사들이 투자한 곳이다. 프로그라운드는 달리기 커뮤니티 앱을 만들어 운영했던 스타트업으로, 그동안 운동 습관과 커뮤니티, 포인트 부분에 대해 충분히 학습된 상태였다.

카카오의 암호화폐 지갑 클립**Klip**과 연동되며, 처음 민팅 가격은 420클레이였다. Pro모드와 Basic모드 2가지로 나누어지는데, Basic모드는 NFT가 없어도 클립 지갑만 연동해 놓으면 걸음 수에 따라 랜덤으로 토큰을 얻을 수 있다. 이렇게 얻은 토큰은 클레

운동과 토큰 이코노미를 결합해 운동 습관을 형성해 주는 웹 3.0 기반 러닝 앱, 슈퍼워크

(출처 : https://superwalk.io)

이로 현금화할 수도 있고 추가 운동화 구입도 가능하다. 슈퍼워크의 장점은 자체 마켓 플레이스가 있어 NFT 거래에 따른 별도의 수수료를 줄일 수 있다는 것이다.

스테픈, 스니커즈, 슈퍼워크 외에도 M2E를 서비스하는 기업들은 많다. 그런데 모두 성공할 수 있을까? 운동을 할 때 보상을 주는 것은 분명 좋은 동기부여가 된다. 하지만 달리는 것에 비해 보상이 많지 않을 때 사람들은 그 서비스를 떠나게 된다. 사람들이 떠나게 되면 남는 건 반짝이는 NFT 신발 이미지와 어디에도 쓸 수 없는 코인뿐이다. 이처럼 M2E의 성공 여부는 아직 알 수 없다. 하지만 언젠가 아디다스, 나이키와 같은 글로벌 회사에서 M2E 서비스를 한다면 어떻게 될까?

나이키는 2022년 11월 말 웹 3.0 사이트인 Swoosh.com을 론칭했다. 이곳을 통해 나이키의 가상 신발과 의류를 구매할 수 있고, 구매한 상품은 연계된 메타버스에서 사용할 수 있다. 한정판 신발을 구매하거나 팬들과의 만남도 진행할 예정이다. 만약 나이키 앱에 NFT 신발과 걷는 만큼 보상해 주는 토큰 기능을 도입하고, 이렇게 얻은 토큰을 전 세계 나이키 매장에서 사용할 수 있다면 M2E 서비스에 대한 우려가 많이 줄어들 것이다. 이러한 모습이 현실이 되는 상상을 해본다.

5
영상 기반 웹 3.0
– 디튜브, 체인플릭스

광고주가 유튜브에게 주는 광고비는 크리에이터와 유튜브가 나누어 갖는다. 하지만 정작 광고를 보는 시청자는 여기에서 소외된다. 만약 시청자들이 영상을 보는 시간에 비례해 수익을 나누어 준다면 더 많은 영상을 유입할 수 있고 더 많은 재생시간 확보도 가능하지 않을까? 또 이 모든 내용들을 블록체인을 통해 투명하게 확인할 수 있고, 회사의 운영방식에도 의견을 낼 수 있다면 회사가 일방적으로 정책을 바꾸기는 어려울 것이다.

아직은 작지만 관심을 가지고 지켜볼 만한 영상 기반 웹 3.0 기업으로 디튜브와 체인플릭스가 있다.

디튜브

디튜브(d.tube)는 2017년 탈중앙화된 유튜브를 만들자는 취지로 만들어진 프로젝트다. 스팀잇과 같은 스팀 블록체인을 바탕으로 만들어졌으며, 참여에 대한 보상 역시 스팀으로 받을 수 있었다. 2019년부터 스팀을 벗어나 Avalon 네트워크를 이용하고 있다.

디튜브의 모든 영상에는 광고가 없다. 디튜브에 따르면 3분마다 1개의 동영상이 올라오고, 약 20만 명의 창작자가 등록되어 있으며, 월간 210만 방문자 수를 유지하고 있다고 한다.

디튜브는 영상을 올리거나 공유할 때, 영상에 투표를 하거나

블록체인 기반으로 확실한 보상시스템을 가지고 있는 동영상 플랫폼, 디튜브

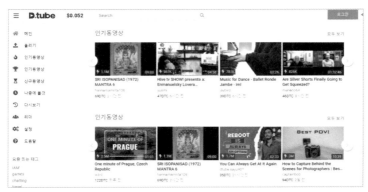

(출처 : https://d.tube)

태그 지정, 댓글을 달 때 보상을 받을 수 있다. 개개인들의 정보를 수집하지도 않는다. 모든 수익의 90%는 창작자에게 제공되며, 별다른 검열도 없다. 여기 쓰이는 토큰은 DTC로, 좋아하는 크리에이터와 큐레이터에게 기부할 수 있고, 이를 이용해 시청자는 프리미엄 콘텐츠에 액세스할 수 있다. 보팅 파워**VP**라 하여 스팀잇처럼 영상에 투표할 수 있는 기능도 있다.

가입하는 방법도 쉽고 사용하는 방법도 쉽지만, 유튜브를 대체할 만큼 매력적인 영상들을 보유하지 못한 게 단점이다.

체인플릭스

체인플릭스(chainflix.net)는 우리나라에서 만든 영상 스트리밍 플랫폼이다. 시청자와 콘텐츠 제작자뿐만 아니라 영상을 저장할 공간을 제공하는 분산 스토리지 제공자에게도 코인을 보상으로 준다. 아이폰이나 안드로이드폰에서 앱을 다운받을 수 있다.

여기서 분산 스토리지 제공자란 예전 불법 다운로드가 성행하던 시절, 자신의 컴퓨터에 저장된 파일을 조각 형태로 다른 사람들이 가져갈 수 있도록 서버를 유지하던 걸 생각하면 된다.

참여에 대한 보상은 CFX란 자체 코인으로 지급되는데, 이 토

사용자 중심의 P2P 비디오 스트리밍 플랫폼, 체인플릭스

(출처 : https://www.chainflix.net)

큰은 CFXT(체인플릭스 토큰)로 변환하여 암호화폐 거래소에서 현금화할 수 있다.

이더리움 네트워크에서 클레이튼 기반으로 전환했는데, 그 이유는 국내 시장을 먼저 확실히 확보하기 위함으로 보인다. 좋아요, 싫어요와 댓글을 다는 기능은 있지만 보팅 파워를 필요로 하지는 않는다.

영상 분야 웹 3.0의 문제점

영상 분야의 웹 3.0 기업들의 취지는 동일하다. 영상을 보는 시청자들에게도 혜택을 주겠다는 것이다. 하지만 본질적인 문제도 있다. 바로 영상의 퀄리티와 참여의 도덕성, 그리고 수익성이다.

우선 영상의 퀄리티를 보장하기 힘들다. 특히 검열이 없다는 건 무분별한 영상에 노출되기 쉽다는 것을 뜻한다. 물론 크리에이터는 더 좋은 영상을 올리지 않으면 구독자가 줄어들게 되고 수익에 영향을 미치기 때문에 시간이 지날수록 자정작용이 생기겠지만 시청자들은 그걸 기다려주지 않는다. 더군다나 각각의 영상에 블록체인 방식을 적용할 경우 한 번 올려진 영상은 지울 수 없다.

영상 시청에 있어서도 단지 수익을 얻기 위해 하루 종일 안 쓰는 스마트폰을 켜놓는 일이 생길 수 있다. 자신에게 필요한 영상을 보는 게 아니라 돈을 벌기 위해 참여하게 되면 이건 노동이 된다. P2E 게임의 문제점이 여기에서도 나타난다.

마지막 문제는 수익성이다. 과연 이렇게 하루 종일 영상을 보았을 때의 수익이 어느 정도 되느냐이다. 유튜브에서 1,000명의 구독자를 모았더라도 수익을 내는 데까지는 오랜 시간이 걸린다. 매월 10만원의 수익을 올리기도 힘든데 웹 3.0 회사들은 어떨까? 외부에서 광고비를 받지 않고 순수하게 자체 토큰만으로 움직이는 생태계가 제대로 자리 잡기 위해서는 오랜 시간이 걸릴 것이다. 당연히 참여자들에게 지급되는 토큰의 양도 적을 수밖에 없다. 외부 거래소에서 출금이 가능하다고는 하지만 거래소에 보내서 다시 현금화하는 것이 너무 복잡하고, 환전에 필요한 수수료 역시 만만치 않다.

이처럼 영상 분야에서의 웹 3.0 역시 신규업체들이 진입해 시장을 혁신하기는 쉽지 않아 보인다. 오히려 유튜브에서 시청자들을 위한 보상방법을 새롭게 추가한다면 유튜브는 그 어떤 회사도 넘볼 수 없는 자리를 굳건히 유지할 수 있을 것이다.

6
탈중앙화 거래소 기반 웹 3.0
- 유니스왑, 팬케이크스왑

　유니스왑과 팬케이크스왑은 대표적인 탈중앙화 거래소이다. 그런데 탈중앙화 거래소가 필요한 이유는 무엇일까?

　주식거래소나 코인거래소 모두 현금과 주식, 현금과 코인을 교환해 주는 서비스다. 사려고 하는 사람들이 원하는 가격과 팔려고 하는 사람들이 원하는 가격이 호가를 이루어 시세를 결정하게 된다. 이를 '오더북 방식'이라 하는데, 거래가 필요한 곳에서는 흔히 볼 수 있는 전통적인 방식이다. 거래소들은 거래가 이루어질 때 수수료를 부과하며, 이는 거래소들의 가장 큰 수익모델이 된다.

　그런데 암호화폐 거래소의 경우 탈중앙화되어 있지 않다 보니 웹 3.0의 취지에 어긋나고, 무엇보다도 어떻게 운영되고 있는지 투명하지 않다는 문제가 있다. 이에 등장한 서비스가 바로 탈중앙화 거래소DEX이다.

탈중앙화 거래소는 누구에게나 참여한 만큼의 보상을 제대로 준다는 점에서 기존의 거래소들과 다르며, 현금으로 A코인을 구입한 후에 다시 A코인을 팔아 현금으로 바꾼 후 B코인을 구입하는 등의 번거로움 없이 바로 A코인에서 B코인으로 스왑할 수 있는 장점을 가지고 있다.

유니스왑

유니스왑은 2018년 헤이든 아담스가 개발해 발표한 프로젝트다. 탈중앙화 거래소이기 때문에 거래소를 운영하는 대표 기업이 없고, 서버도 없고, 본인 인증도 없다. 단지 이더리움 기반의 강력한 스마트 컨트랙트만 믿고 사람들은 코인을 스왑한다.

오더북이 없다 보니 코인별 가격의 상승과 하락은 AMM보다 더 높은 CPMMContand Product Market Maker을 통한 유동성 풀을 바탕으로 자동으로 계산된다. 이런 계산 툴이 없다면 1이더리움과 1클레이의 교환비율을 어떻게 정할지 알 수 없기 때문이다.

이더리움과 토큰 간의 교환거래를 쉽게 할 수 있는 탈중앙화 거래소, 유니스왑

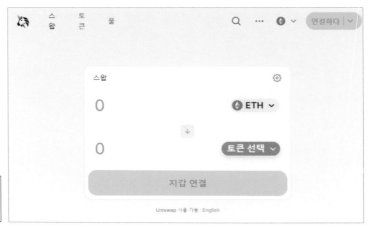

(출처 : https://app.uniswap.org/#/swap)

유니스왑 사이트에 접속해 보면 당황스러울 정도로 심플하게 되어 있다. 메뉴는 스왑, 토큰, 풀 3가지뿐이다.

스왑은 말 그대로 다른 코인으로 교환해 주는 것을 말하며, 풀은 유니스왑에서 거래가 가능한 코인을 맡겨 유니스왑의 유동성에 기여하는 것을 말한다. 풀 제공을 위한 코인을 넣고 어느 정도 수수료를 받을 것인지 입력하면 끝이다. 이렇게 제공한 풀을 바탕으로 스왑이 일어났을 때 발생한 0.05~1% 가량의 수수료를 유동성 공급자에게 지급하며, 유니스왑이 벌어들이는 돈은 없다. 투표는 UNI 토큰을 활용한 거버넌스 투표를 말한다.

팬케이크스왑

팬케이크스왑은 세계 1위 암호화폐 거래소인 바이낸스의 스마트체인을 바탕으로 만들어진 스왑 프로젝트다. 유니스왑과 비슷하면서도 다른데, 일단 전체 디자인 구성이 깔끔하게 되어 있어 마치 카카오뱅크를 보는 것 같다.

기본적으로 제공되는 스왑 기능 외에 Earn 카테고리에는 Farms와 Pools라는 2가지 서비스를 제공한다. 둘 다 가지고 있는 코인을 맡겨서 유동성을 공급한다는 점에서는 비슷하다. Farms

팬케이크스왑에서는 비상장코인도 거래가 가능하다.

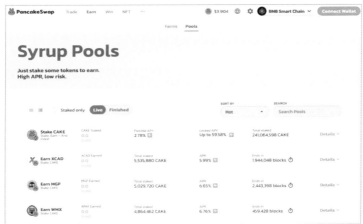

(출처 : https://pancakeswap.finance/pools)

에서는 보상으로 Cake 토큰을 얻게 되며, 원할 때에는 언제든 뺄 수 있다. Pools는 일정 기간 뺄 수 없도록 락업되며, 보상은 다른 토큰으로도 받을 수 있다.

독특한 기능은 Win 카테고리다. Prediction은 5분마다 BnB 바이낸스 토큰이나 팬케이크 토큰이 상승할지 하락할지를 맞추는 게임이다. Trading Competition은 말 그대로 트레이딩 게임으로, 일정 기간 동안 우승한 팀은 상금을 받을 수 있다. Lottery와 Pottery는 둘 다 로또와 비슷한 게임으로, Lottery는 숫자를 맞춰야 하고, Pottery는 Cake 토큰을 10주 동안 맡기면 매주 1회 추첨해서 매주 8명의 우승자를 뽑는다. 참여자는 당첨되지 못했더라도 해당 기간 동안의 일부 이자를 받을 수 있다.

토큰 가격의 상승과 하락을 맞추는 게임 기능

(출처 : https://pancakeswap.finance/lottery)

탈중앙화 거래소는 스왑 자체만으로도 매력적이기 때문에 지속적으로 유지될 것으로 보인다. 다만 탈중앙화에 따른 문제가 생겼을 때 스테이킹하거나 풀에 넣어둔 자산을 찾기 어렵다는 불안감이 존재한다. 누구도 책임질 사람이 없기 때문이다.

그리고 스왑 서비스를 제공하는 회사들이 많아지고 있는 것 역시 리스크가 된다. 결국 더 저렴한 비용으로 스왑할 수 있는 곳을 찾다 보면 수수료 경쟁으로 가게 될 확률이 크기 때문이다.

반면 중앙화된 거래소에서는 스테이킹 서비스만을 추가해 고객들의 토큰을 예치시키는 일종의 은행 예금을 대체하는 형태로 도입한 곳들이 많다. 사용자 입장에서는 편리하게 이용 가능하며 안전하게 수익이 잘 나오는 곳을 선호하기 때문이다.

7
커머스 기반 웹 3.0
- 쇼피파이, 아마존, 스타벅스

웹 3.0의 핵심이 참여와 보상이라는 점에서 커머스 업체들은 이를 활용해 기존 고객들을 결집시키는데 사용할 수 있다. 그리고 커머스 기업의 특성에 맞게 거래의 투명성과 유통과정에 대한 정확성을 높일 수 있다.

IT 기술의 발달로 지금까지 우리는 예전보다 더 편하게 쇼핑을 할 수 있게 되었는데, 블록체인 방식을 적용하게 되면 느린 속도와 수수료 면에서 오히려 쇼핑이 더 불편해질 수 있다. 게다가 디지털 상품이 아닌 실제 상품의 경우 집 앞까지 배달해 줘야 하기 때문에 물류시스템과의 결합을 성공적으로 이끈 기존의 이커머스 공룡들을 이겨내기란 쉽지 않다. 따라서 당분간 이커머스

웹 3.0 – 참여, 공유, 보상이 가져오는 새로운 미래

혹은 리테일 쪽에서는 웹 3.0 기술 중 NFT를 활용해 기존 고객을 유지하고 강화하는 쪽에 초점을 맞출 것으로 보인다.

그럼 웹 3.0을 성공적으로 적용하고 있는 대표적인 이커머스 기업에 대해 알아보자.

쇼피파이

쇼피파이(shopify.com)는 2004년 캐나다에서 시작된 회사다. 미국 내 점유율은 10%를 조금 넘으며, 업계 순위는 아마존에 이어

온라인, SNS 판매에 필요한 모든 것을 갖춘 전자상거래 플랫폼, 쇼피파이

(출처 : https://www.shopify.com)

2위이다. 아마존이 자사의 거대한 몰에 상인들을 입점시켜 거래에서 물류까지 콘트롤한다면, 쇼피파이는 상인들 각각 자신들의 몰을 만들 수 있게 돕는다(우리나라의 네이버쇼핑과 비슷하다).

상인들은 쇼피파이의 쇼핑몰 도구를 이용해 차별화된 자신만의 상점을 만들 수 있고, 쇼피파이 앱스토어를 통해 다른 서드파티들이 만든 앱을 구입해 추가 서비스를 이용할 수 있다.

2021년 8월 NFT를 적용하며, NFT 마켓 플레이스 베타 버전을 출시했다. 베타 버전은 월 2,000달러 이상을 내야 하는 쇼피파이 플러스 플랜 구독자들만 이용이 가능하다. 이 서비스를 이용하면 NFT를 만들 수 있고, 인스타그램 등의 SNS를 활용해 거래도 할

NBA의 시카고 불스가 쇼피파이를 통해 NFT를 출시했다.

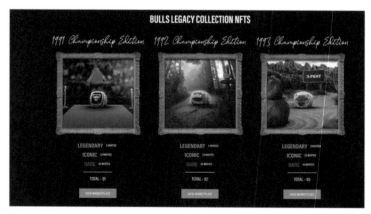

(출처 : https://www.nba.com/bulls/nft)

수 있다. 2021년 7월 시카고 불스는 NFT스토어를 만들어 90초 만에 모든 상품을 매진시켰다.

2022년에는 Tokengated-commerce라는 이름의 서비스를 시작했다. 소개 페이지의 메인에는 'Unlock the Power of your brand's community'라는 문구가 적혀 있다. 상점에 NFT 멤버십을 도입해 팬과 소통하고 판매를 늘리라는 것이다. 이를 위해 쇼피파이 앱스토어에 블록체인 파트너들을 입점시켜 상인들이 Venly, Taco, Dropmint 등의 앱을 이용해 쉽게 NFT를 만들어 자신들의 상점에 연동시키고 판매할 수 있도록 했다.

쇼피파이의 Tokengated-commerce 소개 페이지

(출처 : https://www.shopify.com/tokengated-commerce)

아마존

아마존은 웹 3.0에 대해 상당히 신중하게 접근하고 있다. 이미 2018년 'Amazon Managed Blockchain'을 통해 SaaS(사스) 형태로 블록체인 서비스를 제공해 왔다. 주로 하이퍼레저 패브릭을 기업에 제공했는데, 2021년부터는 이더리움 체인을 지원하고 있다.

아마존의 CEO 앤디 재시는 2022년 4월 "앞으로 우리 플랫폼에서도 NFT 거래가 가능해질 것으로 본다"라며 NFT 판매의 가능성을 내비쳤다. 이는 이미 안정적인 1위 이커머스 업체이기 때문에 준비는 해놓지만 다른 경쟁자들의 움직임을 충분히 살핀 후 시작하겠다는 의지로 보인다.

스타벅스

스타벅스의 창업자 하워드 슐츠가 2022년 4월 스타벅스의 대표로 경영 일선에 복귀했다. 취임과 동시에 그는 웹 3.0 기반의 리워드 프로그램을 이야기하며, NFT를 통해 스타벅스 멤버십을 강화하고 커뮤니티를 구축하겠다는 포부를 밝혔다. 지금까지 '문화를 파는 공간'이었던 스타벅스 매장에 웹 3.0을 적용해 스타벅스 NFT 멤버십으로 접속하게 만들겠다는 의미로 볼 수 있다. 제3의 공간을 제3의 커뮤니티로 만들겠다는 선언으로 봐야 한다.

미국 시간으로 2022년 9월 12일, 드디어 스타벅스의 리워드 프로그램인 '스타벅스 오딧세이'가 공개되었다. 로그인한 사용자들은 게임을 하거나 도전을 통해 '스타벅스 저니'에 참여할 수 있고, NFT를 받을 수 있다. 내부 마켓 플레이스를 통해 NFT를 구입하는 것도 가능하다. 흥미로운 건 별도의 암호화폐 지갑이나 암호화폐가 필요하지 않다는 점이다.

스타벅스 오딧세이는 2가지 장점을 가지고 있다.

첫째, NFT라는 이야기를 하지 않고 '스탬프'라는 익숙한 표현

스타벅스 오딧세이의 시작페이지

(출처 : https://waitlist.starbucks.com/#/landing)

을 쓴다. 스탬프는 지금도 커피를 한 잔 마시면 받을 수 있는 디지털 스탬프를 떠올리게 된다.

둘째, 암호화폐가 아닌 일반 법정통화로 쉽게 결제가 가능하도록 하겠다고 한 부분이다. 이미 스타벅스 시스템에 익숙한 고객들에게 갑자기 코인, NFT 등을 소개하면 낯설음을 느낀 기존 고객들이 떠날 수도 있기 때문에 고객들이 최대한 편리하게 접근하도록 노력하고 있다.

가장 좋은 기술은 눈에 보이지 않는 기술이라는 걸 다시 한 번 생각하게 하는 스타벅스 오딧세이는 기존 대기업들이 반드시 살펴보고 배워야 할 프로젝트다.

8
웹 검색 기반 웹 3.0
- 브레이브

브레이브

브레이브 브라우저(brave.com)에 대해서는 이 책을 통해 처음 접하는 사람들도 많을 것이다. 그러나 브레이브는 이미 2016년에 개발자 버전이 나왔을 만큼 나름 오래된 웹 브라우저이다. 게다가 주요 개발진 역시 자바스크립트, 파이어폭스 웹 브라우저를 운영하는 모질라 재단의 설립자인 브랜든 아이크여서 더욱 신뢰할 수 있는 서비스다.

브레이브가 이야기하는 핵심은 참여와 보상이다. 이용자의 참여를 위해 브레이브에서 제안하는 것이 바로 '개인 데이터의 보호'다. 개개인의 데이터는 개인들의 것이기에 쉽게 추적당하지 않아야 한다는 것이다.

또 크롬 등의 브라우저와 브레이브를 통해 들어갔을 때의 로딩 속도는 브레이브 쪽이 확실히 빠르다. 기본적으로 제공되는 광고 차단 기능 때문이다. 심지어 유튜브 사이트에서 영상을 재생할 때에도 광고가 없다. 광고가 없으니 속도가 빠를 수밖에 없다. 특히 출퇴근길에 검색을 하다 이상한 배너들이 떠서 당황했던 분들이라면, 아이들이 혹시라도 봐서는 안 되는 광고를 보는

차단된 광고의 숫자와 절약한 시간을 종합해 보여주는 브레이브 브라우저

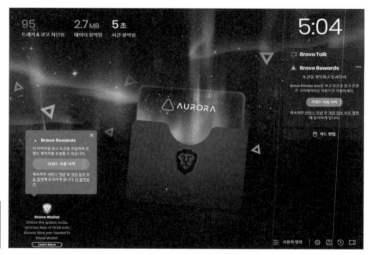

(출처 : https://brave.com)

게 신경 쓰이는 부모들이라면 브레이브를 추천한다. 광고를 차단하면서 웹사이트의 트래커 역시 차단시킨다.

브레이브를 처음 실행하거나 빈 탭을 실행하면 지금까지 차단된 광고의 숫자와 절약한 데이터, 절약한 시간을 종합해서 보여준다. 마치 '우리가 이렇게 열심히 일하고 있습니다'를 보여주는 듯하다. 이런 장점들을 통해 기존 크롬이나 엣지 등이 점유하고 있는 브라우저 시장을 조금씩 가져갈 수 있었다.

이처럼 빠른 인터넷 검색 속도로 많은 사람들이 이용하게 했다면 사용자들의 '참여'를 이끌어 냈다고 볼 수 있다. 그런데 웹 3.0의 나머지 정신인 '보상'은 어떻게 작용할까? Brave Private

브레이브 이용에 대한 보상으로 제공되는 BAT 토큰

(출처 : https://basicattentiontoken.org)

Ads라는 광고를 보면 된다. 광고를 보지 않는 게 기본이지만 사용자가 광고를 보겠다고 승낙하면 그때부터 웹 서핑을 방해하지 않을 만한 크기의 광고가 노출되고, 이에 비례해 매달 BAT가 적립된다. BAT는 Basic Attention Token의 약어로, Attention이란 용어 자체가 '주목' '관심'이라는 뜻이다. 사람들의 관심을 기반으로 한 토큰이라고 해석할 수 있다.

BAT는 제미니나 업홀드 거래소와 연결해 출금할 수도 있고, 다른 웹사이트나 사용자에게 팁으로 기부할 수도 있다. 개발자들의 인지도와 사업의 성공 가능성에 힘입어 2017년 브레이브는 30초 만에 3,500만달러(약 380억원)의 투자금을 모았다.

브라우저에 바로 통합된 최초의 안전한 암호화폐 지갑, Brave 월렛

(출처 : https://brave.com/ko/wallet)

웹 3.0 - 참여, 공유, 보상이 가져오는 새로운 미래

2021년 말에는 브레이브 월렛 기능이 추가되었다. 메타마스크가 크롬 등의 웹브라우저에 설치해 사용하는 개념이라면 브레이브 월렛은 브라우저 개발사에서 직접 탑재하는 것이기 때문에 훨씬 더 안전하다고 브레이브 측에서는 이야기하고 있다.

브레이브의 지속성에 대해서는 긍정적인 편이다. 영상 서비스 디튜브의 경우는 사용자들로 하여금 양질의 영상을 업로드하게 해야 하고, 이에 대한 적절한 보상도 주어야 하는 등 '영상'이라는 기본 콘텐츠를 확보하기 위해 끊임없이 노력해야 한다. 반면에 브레이브는 매일 같이 사용하는 웹서핑이 기본 서비스이기에 이용자들은 기존의 다른 서비스들을 이용하는 것과 큰 차이 없이 바로 이용할 수 있다.

브레이브 콘텐츠 참여자로 등록해 기부받기

1) 콘텐츠 참여자 신청 페이지에서 자신의 이메일 주소를 입력한다.
   (https://publishers.basicattentiontoken.org)

2) 이메일 인증이 끝난 후에는 자신의 이름을 입력한다.

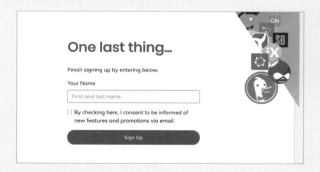

웹 3.0 – 참여, 공유, 보상이 가져오는 새로운 미래

3) 상단이나 하단의 [Add Channel]을 클릭해 자신의 웹사이트나 유튜브 채널을 등록할 수 있다.

4) 브레이브 브라우저를 실행 후 해당 사이트(유튜브 등)로 이동하면 URL 창 상단에 삼각형으로 표시된 부분이 보인다.

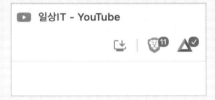

5) 이 부분을 클릭하면 팁을 보낼 수 있다.

9
다오 기반 웹 3.0
- 시티 다오, 컨스티튜션 다오, 국보 다오

다오DAO는 미래의 조직으로 관심받고 있지만 현실에서는 구성원이 아닌 직원을 고용할 경우 고용의 문제, 건물을 임대할 경우 임대 당사자가 누구냐의 문제 등 다양한 문제점이 발생한다. 따라서 다오의 법적 지위에 대한 문제해결이 선결과제이다. 법적인 지위를 얻는다는 건 회사로 인정 받는다는 것을 의미한다.

2021년 7월 미국 와이오밍 주에서 최초로 아메리칸 크립토페드 DAO가 LLC(유한책임회사)로 인정받았다. 이어 2022년 2월에는 우리나라 기업 엘리시아 DAO가 미국에서 두 번째로 법인 인정을 받은 다오가 되었다.

대표적인 사례를 통해 다오에 대해 자세하게 알아보자.

시티 다오

만약 어떤 도시가 있는데 시장도 없고 의회도 없다면 도시로서 기능할 수 있을까? 우선 긍정적인 점을 먼저 생각해 보자. 블록체인 기반의 다오가 적용되면 도시를 운영하는 자금의 투명성이 보장된다. 상부에서 결정한 걸 그대로 따르는 게 아니라 도시의 주요 의사결정에 대해 시민들이 투표로 참여할 수 있다. 도시의 구성원에 대한 증명서 역시 NFT를 통해 누구도 위조·변조·대체할 수 없게 만들 수 있다. 이런 구상 속에서 2021년 시작된 프로젝트가 바로 시티 다오City DAO다. 구성원은 디스코드를 통해 모집되고, 각종 진행사항은 투표로 결정된다.

도시 건설 프로젝트, 시티 다오

(출처 : https://www.citydao.io)

시티 다오는 시민권 NFT를 판매해 75만달러(약 9억원)를 모았다. 이 중 11만달러로 와이오밍주 북서쪽의 땅 40에이커(약 49,000평)를 매입했다. NFT는 2종류로 운영되는데, 하나는 시민권 NFT로 도시 운영방식에 대해 제안을 하고 투표에 참여할 수 있다. 또 하나는 부동산 NFT다. 부동산 NFT라 하면 실제 토지와 연관되어 있는 등기부등본을 생각할 수 있는데 그렇지는 않다. 부동산 NFT 소유자는 부동산을 어떻게 활용할 것인가에 대해 제안을 하고 투표할 수 있는 권한을 가진다.

그럼 시티 다오는 성공할 수 있을까? 매력적이지만 쉽지 않아 보인다. 도시는 단순히 사람들이 모여 있다고 해서 도시가 되는 것은 아니다. 한 가족이 사는 집을 짓는다고 해도 고려할 게 많은데 도시라면 규모가 너무 크고 복잡하기 때문이다. 이런 점 때문에 시간이 지날수록 다오의 한계에 부딪히게 될 것으로 보인다.

하지만 사람이 거주하는 주거용이 아니라 물류센터 등 다른 회사에 임대를 하기 위한 부지라면 상황이 달라질 수 있다. 성공 여부를 떠나 시티 다오에 관심을 가지고 지켜볼 필요가 있다.

컨스티튜션 다오

전 세계적으로 가장 유명한 다오는 경매로 나온 미국 헌법을 구매하기 위해 구성된 컨스티튜션 다오Constitution DAO이다. 2021년 11월 미국 헌법 초판 인쇄본이 소더비 경매에 올라왔다. 이 인쇄본을 사들여 누구나 언제든 볼 수 있도록 전시하고, 헌법을 NFT로 만들어 판매해 수익을 배분하자는 다오가 결성되었다. 모금은 juicevbox.money를 통해 진행되었고, 모금된 총액은 967이더리움이었다. 그리고 여기에 참여했다는 것을 증명하기 위해 PEOPLE이란 이름의 거버넌스 토큰이 발행되었다. 하지만 아쉽게도 경매에 성공하지는 못했다.

'개인 수집가의 손에서 헌법을 구출해 내자'는 취지로 모인 컨스티튜션 다오

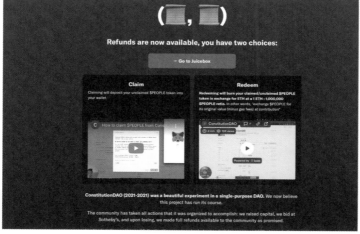

(출처 : https://www.constitutiondao.com)

낙찰이 실패한 후 모금액을 돌려받기 위해서는 PEOPLE 토큰을 반납해야 했다. 그런데 환불받지 않고 토큰을 가지고 있는 사람들이 늘어났으며, 어디에도 없는 토큰이라는 희소성 때문에 0.5센트의 가치밖에 인정받지 못했던 PEOPLE 토큰이 16센트까지 급등하기도 했다.

컨스티튜션 다오에 대해서는 부정적인 의견도 많다. 미국 하버드대의 렘 코닝 교수는 상위 1%가 전체 토큰의 66%를 보유했다며 운영방식에 문제가 있다고 말했다. 그럼에도 불구하고 컨스티튜션 다오는 '다오'가 실제로 가능하다는 것을 보여주는 역할을 했다.

국보 다오와 헤리티지 다오

2022년 1월 27일 간송미술관은 K옥션을 통해 보유 중인 계미명금동삼존불입상과 금동삼존불감의 국보 2점을 경매 진행하기로 했다. 여기에 카카오 그라운드X의 한재선 대표와 아톰릭스랩의 정우현 대표, 멋쟁이사자처럼의 이두희 대표 등이 모여 국보 다오를 결성했다. 이들의 목적은 컨스티튜션 다오와 같았다.

우리 문화유산을 시민 스스로 주체가 되어 보호하기 위해 기획된 국보 다오

(출처 : https://ntdao.org)

    모금은 1월 26일 자정까지 50억원을 목표로 했으나 아쉽게도 약 24억원이 모금되며 다오 진행은 종료되고 환불 절차에 들어갔다. 환불 후에도 NFT는 기념으로 다오 참여자들이 가지고 있다.

    그런데 2022년 2월, 이번에는 헤리티지라는 이름의 다오가 금동삼존불감을 낙찰하는데 성공했다. 무슨 일이 생긴 걸까? 1월 진행된 경매에서 낙찰자가 나오지 않자 헤리티지 다오라는 이름의 다오가 외국에서 결성되었고, 900이더리움(약 30억원)을 모아 금동삼존불감을 25억원에 낙찰받았다. 낙찰받은 불감은 간송미술재단에 다시 기증했는데, 소유권은 간송미술재단이 51%, 다오 측이 49%를 보유하고 있다.

다오는 법적 인증을 받기 어렵다고 했는데 어떻게 입찰을 하고 소유권을 등재한 걸까? 다오로 모금은 했지만 헤리티지 다오를 진행한 레온 킴이 대표로 있는 싱가포르의 볼트랩스 법인이 주체가 되어 계약을 진행했기 때문이다. 앞으로도 다오를 통한 계약은 이런 식으로 진행될 것으로 보인다.

이 사례는 전 세계적으로 국보를 낙찰받아 실제 기부까지 한 최초의 사례가 됐다.

스냅샷에 기록된 헤리티지 다오의 의결

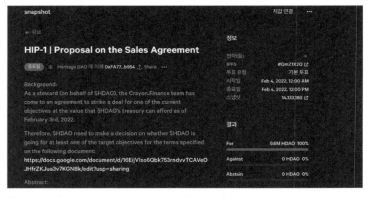

(출처 : https://snapshot.org/#/heritagedao.eth/proPoSal/0xf061572f0de27e1194c12476b963e5995d59f1cc88a08680fee9ae916955b896)

WEB 3.0

WEB
3.0

PART 4

웹 3.0의
핵심 경쟁력

1
웹 3.0의 한계

지금까지 나온 내용들을 다시 한 번 정리하면 '웹 3.0은 블록체인을 기반으로 이루어진 다양한 기술을 통해 참여, 공유, 보상이 이루어지는 시스템'이다.

이론적으로는 너무 멋진 시스템인데도 불구하고, 아직 대세가 되기에는 아쉬운 점이 있다. 때문에 앞으로 오는 세상은 웹 2.5이지 3.0은 아니라는 이야기도 있다. 그렇다면 웹 3.0에는 어떤 한계가 있고, 이를 극복하기 위한 방안은 어떤 것이 있는지에 대해 알아보자.

첫째, 저조한 월렛 보급률

앞서 이야기했듯 월렛은 지갑이자 계좌번호이고, 웹 3.0의 세상에 들어가기 위한 입장권이다. 이렇게 중요한데도 불구하고 월렛을 가지고 있는 사람은 많지 않다. 암호화폐에 적극적으로 투자하지 않는 사람이라면 월렛을 만들 필요가 없고, 아직 일상에서 사용할 수 있는 사용처도 많지 않기 때문이다.

누구나 이메일 주소를 하나쯤은 가지고 있는 것처럼 누구나 자신만의 암호화폐 지갑을 가지게 되면 웹 3.0의 시대는 일상이 될 것이다. 하지만 이렇게 되려면 사용할 곳이 많아지고, 쉽게 가입할 수 있고, 혜택이 많아져야 한다. 이런 점에서 추천할 만한 월렛은 '카카오 클립'이다. 카카오 클립은 카카오톡과 연동되어 쉽게 가입할 수 있고, 다양한 이벤트를 통해 무료 NFT를 지급하는 등 활용도를 늘려가고 있다. 라인 메신저 역시 지갑 기능을 제공하고 있다.

둘째, 암호화폐 연동에 따른 변동성

참여와 보상으로 토큰을 받게 되는 웹 3.0 세상의 '토큰 이코노미'는 즐겁지만, 보상받은 토큰의 실시간 가격 변동은 불안하다.

토큰의 가격이 상승할 때는 문제가 없지만 조금이라도 가격이 떨어지면 불안할 수밖에 없다. 예를 들어 1세컨토큰(가상의 토큰)이 30만원일 때 구입한 NFT 작품이 있다고 가정해 보자. 그리고 NFT 커뮤니티에 열심히 참여해 보상으로 1세컨토큰을 추가로 받아 2세컨토큰(60만원)이 되었다. 그런데 암호화폐 시장이 급락해 1세컨토큰의 가격이 10만원으로 내려앉았다면 열심히 참여해 1개를 더 획득했음에도 불구하고 전체 자산은 60만원에서 20만원으로 줄어들게 된다. 이렇게 되면 정상적인 메타버스에서의 수익활동이 이어지기 힘들다.

웹 3.0이 활성화되기 위해서는 이런 극단적인 가격 변동성에 대한 대책이 필요하다. 이에 대해 실물자산에 연동되어 등락폭이 적은 스테이블 코인이 관심을 받았으나 테라-루나 사태로 인해 이마저도 사람들의 신뢰를 잃어버렸다. 앞서 이야기한 달러에 페깅되는 USDT나 USDC가 주목받는 이유이기도 하다.

셋째, 너무 많은 웹 3.0 서비스가 주는 피로감

현실의 수많은 서비스들을 이용하는 것도 복잡한데, 여기에 더해 수많은 웹 3.0 서비스가 등장하면 어떤 것을 선택해서 자신의 삶에 적용해야 할지 막막해진다.

앞서 이야기한 스왑, P2E 등 다양한 웹 3.0 서비스들이 등장하는 건 좋지만, 각각의 서비스마다 토큰을 얻을 수 있는 방법이 다르고 토큰의 가격도 다르다. NFT의 경우에도 여러 프로젝트의 NFT를 소유한 홀더들은 어느 하나의 프로젝트에 속해 있을 때보다 관심도는 엷어지고 참여도는 떨어지게 된다.

다오DAO 프로젝트 역시 참여도의 문제가 생길 수밖에 없다. 현업을 뒤로 하고 자신이 속한 다오에 매 순간 적극적으로 참여하기란 어렵다.

넷째, 환경보호 문제

앞서 이야기했듯 암호화폐를 채굴하기 위해서는 수많은 컴퓨팅 파워가 필요하다. 이더리움이 2022년 9월, PoW 채굴 방식에서 PoS 지분증명 방식으로 전환한 이유이기도 하다.

영국 켐브리지대학 대안금융센터CCAF는 암호화폐 채굴에 소모되는 전력의 39%는 수력·태양열 등 친환경 에너지가 사용되기 때문에 대기오염에 미치는 영향이 크지 않다는 의견을 내놨다. 하지만 대기오염의 주범은 아니더라도 영향이 있는 건 분명하기에 암호화폐를 통한 경제활동이 이어지는 웹 3.0 기업들이 이에 대한 비난을 피하기는 어렵다. 전 세계적으로 ESG에 대한 관심이 높아지는 지금, 환경보호 문제에 대한 해결책을 내놓는 일 역시 웹 3.0 기업들이 피할 수 없는 문제다.

다섯째, 탈중앙화에 대한 불신

대중은 정말 탈중앙화를 원할까? 앞서 블록체인을 퍼블릭과 프라이빗으로 구분했고, 금융 역시 디파이와 씨파이로 구분했다. 이렇듯 블록체인과 웹 3.0은 탈중앙화가 핵심이라고 하지만 사실 대부분의 사람들은 탈중앙화에는 별 관심이 없다.

이런 상황에서 웹 3.0 기업들이 등장하며 '탈중앙화'라는 멋진 말로 유혹해도 대부분의 사람들에게는 별로 와닿지 않는다. 참여하면 보상을 받을 수 있다고는 하지만 그 보상을 받는 방법이 복잡하고, 열심히 참여했는데도 그다지 큰 보상이 주어지지 않는다면 기존에 잘 사용하던 시스템에서 벗어나 굳이 새로운 서비스를 시도할 이유가 없다. 예를 들어 편안하게 유튜브 앱을 실행해서 광고를 보고 영상을 보는 사람들에게 다른 웹 3.0 동영상 서비스를 제안해 봤자 더 재미있는 영상과 양질의 영상이 많지 않다면 유튜브에서 다른 서비스로 옮길 이유가 없다.

금융서비스의 경우도 탈중앙화가 주는 익명성은 좋지만 문제가 생겼을 때 책임질 곳이 없다는 건 두려운 일이다. 따라서 웹 3.0 서비스를 하는 기업들이라면 탈중앙화라는 말의 사용에 대해 주의할 필요가 있다.

여섯째, 법적인 문제

웹 3.0 사업을 확장하기 어려운 가장 큰 이유는 법적인 문제가 해결되지 않았기 때문이다. 웹 3.0은 참여에 따른 보상을 주는 게 핵심인데 우리나라는 게임법상 게임으로 돈을 버는 일**P2E**이 금지되어 있다.

그래서 스테픈이나 스니커즈와 같은 M2E 서비스들이나 제페토, 이프렌드와 같은 메타버스 서비스들이 앞으로 지속될 수 있을지 지켜봐야 한다. 다행히 스테픈은 2022년 4월 게임물관리위원회에서 게임이 아니라는 결론이 났다. 제페토는 2022년 국정감사에서 게임이냐 아니냐를 놓고 한차례 진통을 겪기도 했다. 이처럼 게임의 요소가 포함된 경우 지금은 괜찮다고 해도 언제 관

웹 3.0 – 참여, 공유, 보상이 가져오는 새로운 미래

련된 규정이 바뀔지 모르기 때문에 미리 준비할 필요가 있다.

코인과 NFT 시장 역시 마찬가지다. 코인은 2025년부터 양도소득에 대해 과세될 예정이며, NFT는 아직 과세에 대해 논의되지 않고 있으나 이 또한 어찌될지 모르는 일이다. 관련 법에 대한 정비가 빨리 이루어져야 하는데 워낙 복잡한 사안이다 보니 쉽게 정리되지 않고 있다.

2
웹 3.0 기업의
핵심 경쟁력

앞에서 살펴본 웹 3.0의 한계를 통해 웹 3.0 기업에 필요한 핵심 경쟁력을 찾을 수 있다. 웹 3.0 기업의 핵심 경쟁력은 기존 기업들의 문제점 해결, 유저 중심의 커뮤니티, 확실한 보상 프로그램의 3가지로 정리할 수 있다.

첫째, 기존 기업의 문제점 해결

작고 빠른 스타트업은 언제나 기존 기업들이 해결하지 못했던 문제점들을 하나씩 해결하며 입지를 굳혀갔다. 대기업이 쉽게 뛰

웹 3.0 – 참여, 공유, 보상이 가져오는 새로운 미래

어들지 못했던 중고거래 시장에 직거래를 무기로 성공을 거둔 당근마켓, 계좌번호를 알아야 송금이 가능하다고 믿었던 걸 간편송금으로 바꾼 토스를 생각해 보자.

새롭게 등장하는 웹 3.0 기업들은 역시 웹 2.0 기업들이 해결하지 못한 문제를 해결하며 시장의 관심과 기대를 모을 수 있다. 앞서 이야기했듯이 애플은 언제나 앱스토어 정책을 마음대로 바꿀 수 있다. 일론 머스크가 인수하기 전까지의 트위터는 언제든 사회적 물의를 일으킨 사람들의 계정을 밴(금지)시킬 수 있었다.

이때 이용자들이 민주적으로 동의해야만 규정을 바꿀 수 있게 한다면 이용자들은 조금 더 주인의식을 가지고 참여하게 되지 않을까? 웹 3.0의 기술 중 DAO는 이에 대한 좋은 대안이 될 수 있을 것이다.

기존의 대기업들도 활용할 수 있는 부분이 많다. 투명한 경영을 말로만 할 게 아니라 블록체인상의 규약으로 묶어 공개할 수 있다(물론 대부분의 회사가 원하지는 않을 것이다). 모두싸인과 같이 전자계약을 주관하는 회사라면 블록체인을 도입해 투명성과 안전성을 더할 수 있고, 유통회사라면 유통과정 역시 블록체인을 통해 투명하게 공개해 신뢰를 얻을 수 있다.

둘째, 유저 중심의 커뮤니티 구성

웹 3.0의 핵심은 유저들이다. 따라서 단순히 물건을 소비하는 소비자가 아니라, 보다 적극적으로 소비자를 팬으로 만들기 위한 도구로 웹 3.0이 사용될 수 있다. 아주 사소한 변화라도 소비자들은 자신의 의견이 반영된 서비스가 나올 때 열광하게 된다. 샤오미의 성장에는 샤오미의 팬(미팬)이 있었고, 삼성전자에도 열정적으로 의견을 내는 삼성멤버스 커뮤니티가 있다.

삼성멤버스 커뮤니티 사이트

(출처 : https://r1.community.samsung.com/t5/korea/ct-p/kr)

여기에 웹 3.0이 적용되면 달라지게 된다. 팬을 넘어 열정적인 유저들은 핵심멤버로 등록할 수 있고, 기업 역시 이들을 위한 특별 서비스를 제공할 수 있다. 기업의 경영에까지 좌지우지할 수는 없더라도 함께 성장하는 브랜드, 함께 성장하는 제품이 주는 만족감은 크다. 국내외 대기업들이 저마다 NFT를 기반으로 한 커뮤니티 구축에 힘을 쓰고 있는 이유가 이 때문이다.

셋째, 확실한 보상 프로그램

자사의 제품과 서비스를 사용하는 사람들에게 적절한 보상을 주는 건 팬을 유지하는데 꼭 필요하다. 이 경우 완전히 새롭게 시작하는 회사의 서비스보다는 확실한 제품과 서비스를 가진 기존 기업들이 더 유리하다. 예를 들어 실체가 없는 신발인 스테픈이 진행하는 사업과 실체가 있는 신발을 가진 나이키가 웹 3.0 사업을 진행할 때의 차이를 생각해 보자.

소비자들 입장에서도 지금까지 없었던 새로운 서비스를 만들겠다고 선언하는 웹 3.0 스타트업보다 이미 사용하고 있는 서비스에서 보상까지 주는 프로그램을 더한다면 그 서비스를 자주 이용할 확률이 더 크다.

3
웹 3.0 어떻게
적용해야 할까?

웹 3.0의 핵심인 '참여' '공유' '보상'은 어느 산업에나 적용될 수 있다. 하지만 웹 3.0 자체가 아직 구체적인 성공사례가 나오지 않았고, 블록체인 방식의 속도 개선과 암호화폐 지갑의 대중화도 아직 해결되지 않았다. 그렇다고 마냥 손 놓고 기다리고만 있지 말고 웹 3.0을 적용하기에 앞서 준비해야 할 것들을 미리미리 고민해 두어야 한다.

웹 3.0 도입에 필요한 핵심질문

1) 참여

- 고객들은 의사결정에 충분히 참여하고 있는가?
- 고객들이 쉽게 참여할 수 있는 공간이 있는가?
- 커뮤니티가 구성되어 있는가?
- 구성원들의 참여를 이끌어 낼 수 있는 매력적인 것들을 제공하고 있는가?

2) 공유

- 운영하고 있는 서비스에 대해 고객들이 충분히 이해할 수 있게 공유하고 있는가?
- 정보는 투명하게 공유되고 있는가?
- 고객들이 이 정보를 다른 고객들에게 공유할 수 있을 정도로 좋은 자료를 제공하고 있는가?

3) 보상

- 기여를 많이 하는 고객에게 적절한 보상이 이루어지고 있는가?
- 보상은 어떤 방법으로 진행할 것인가?

기업이 웹 3.0을 도입할 때 고려해야 할 사항

1) 편리한 서비스

토스증권이 처음 등장했을 때 사람들이 극찬을 했던 건 어려운 용어를 모두 없애고 누구나 알 수 있도록 화면을 쉽게 구성했기 때문이다. 누구나 쉽고 편리하게 사용할 수 있다 보니 단기간에 많은 고객을 모을 수 있었다.

웹 3.0 서비스도 마찬가지다. 워낙 어려운 용어들이 많다 보니 일반인들이 접근하기 어렵다. 가장 좋은 기술은 눈에 보이지 않는 기술이듯 웹 3.0라는 것을 인식하지 못할 정도로 서비스 구성이 쉬워야 한다.

2) 신뢰

기존의 대기업이나 새로 시작하는 스타트업이나 모두 '신뢰'를 바탕으로 시작해야 한다. 신뢰는 단기간에 생기지 않는다. 웹 3.0의 핵심기술이 블록체인이고, 그 시작이 투명성과 개방성에 있다면 이 기술이 적용된 서비스는 물론이고, 구성원까지도 투명해야 한다. 최근 발생한 테라-루나 사건으로 인해 코인과 연관된 많은 서비스들이 신뢰받지 못하는 것을 기억할 것이다. 웹 3.0 서비스를 준비하는 기업이라면 모두가 꼭 신경 써야 하는 부분이다.

웹 3.0 - 참여, 공유, 보상이 가져오는 새로운 미래

3) 활용

아무리 웹 3.0 서비스가 좋다고 홍보를 해도 일상에서 활용할 수 없다면 외면받을 수밖에 없다. 이런 점에서 싸이의 NFT 프로젝트인 쏘싸이어티(sopsyety.io)가 서비스를 확장하는 방식에 주목할 필요가 있다.

쏘싸이어티는 팬과 아티스트, 커뮤니티 파트너들이 함께 소통할 수 있는 커뮤니티를 내세웠다. 그 시작으로 'PSYger NFT'를 2022년 10월 말 발행했고, NFT 소유자는 이후 진행되는 싸이 콘서트를 사전예매할 수 있는 예매권 2장을 받았다. 실제로 콘서트를 다녀와 다시 인증받게 되면 추가 예매권은 4장으로 늘어난다. NFT의 가격 결정도 운영진 측에서 마음대로 정하지 않고 '가격

싸이 콘서트에 대한 다양한 혜택이 제공되는 soPSYety 커뮤니티

(출처 : https://sopsyety.io)

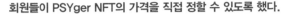

회원들이 PSYger NFT의 가격을 직접 정할 수 있도록 했다.

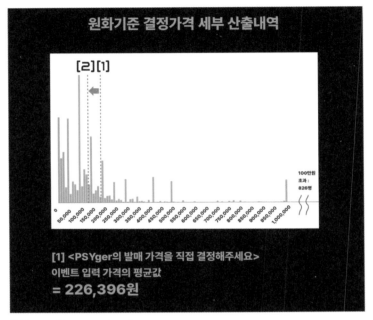

원화기준 결정가격 세부 산출내역

[2][1]

100만원
초과 :
826명

0 50,000 100,000 150,000 200,000 250,000 300,000 350,000 400,000 450,000 500,000 600,000 650,000 700,000 750,000 800,000 850,000 900,000 950,000 1,000,000

[1] <PSYger의 발매 가격을 직접 결정해주세요>
이벤트 입력 가격의 평균값
= 226,396원

(출처 : https://sopsyety.io/event)

결정 이벤트'를 진행해 평균가격을 도출했다. 이 결과 또한 홈페이지를 통해 투명하게 공개했다.

쏘싸이어티의 프로젝트는 행사의 고질적인 병폐인 암표를 줄일 수 있고, 한 번 공연을 관람한 팬을 다시 커뮤니티로 유입시킬 수 있다는 점에서 앞으로 공연·전시 NFT를 바꾸는 사례가 될 수 있다.

개인이 웹 3.0을 접할 때 고려해야 할 사항

개인은 어떻게 해야 할까? 취업을 준비하고 있거나 이직을 준비 중이라면 또는 앞으로 필요한 기술을 배우고 싶다면 지금이라도 블록체인 쪽을 공부하는 걸 추천한다. 개발 쪽에 관련이 없더라도 괜찮다. 블록체인을 직접 다루지는 않더라도 이를 활용할 수 있는 기술들은 앞으로 계속 나올 것이니 이것들을 이해하고 잘 활용하면 된다.

기업 및 브랜드가 NFT를 판매할 수 있는 글로벌 NFT 플랫폼, DOSI

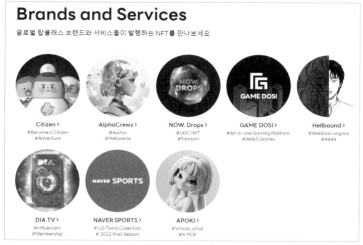

(출처 : https://www.dosi.world)

예를 들어 라인의 자회사인 '라인넥스트'의 프로젝트 DOSI는 NFT 생성과 사이트 구축 모두를 지원한다. 파트너사는 자신들의 특성에 맞는 홈페이지를 가질 수 있고, 별도 커뮤니티를 운영할 수도 있다. 네이버페이나 신용카드 등을 이용해 암호화폐에 익숙하지 않은 사람들도 쉽게 NFT를 구매할 수 있도록 지원하고 있다.

우리가 느끼지 못하는 사이에 웹 3.0이 대중화되는 시대가 올 것이다. 그러니 이제부터라도 웹 3.0 서비스 활용에 대해 준비를 시작하자. 최소한 이 책에 나온 사례들을 하나씩 따라 가입해 보는 것을 추천한다. 물론 직접 투자를 하지 않아도 좋다. M2E 서비스를 하는 회사들이 만든 디스코드와 같은 대화 채널에 가입해 오고가는 이야기를 듣는 것만으로도 웹 3.0 시대의 서비스가 진행되는 방식들을 배울 수 있을 것이다.

웹 3.0에 대한 관심은 지금부터다. 아직 늦지 않았다. 우리 앞에 다가온 새로운 기회를 놓치지 말자.

웹 3.0 커뮤니티 어떻게 활성화시킬 수 있을까?

웹 3.0의 핵심인 커뮤니티는 어떻게 활성화시킬 수 있을까? 자발적 참여를 통해 활성화되고 있는 딕셀클럽의 사례를 통해 확인해 보자.

딕셀클럽Dixel Club은 픽셀 기반의 NFT 프로젝트다. 누군가 픽셀에 기반한 NFT를 만들면 원하는 사람들은 그 NFT에서 원하는 픽셀의 색상을 변경해 자신만의 NFT를 만들어 커뮤니티에 참여할 수 있다.

실제 운영되는 커뮤니티에 의해 생성되는 16×16픽셀의 NFT 플랫폼, 딕셀클럽

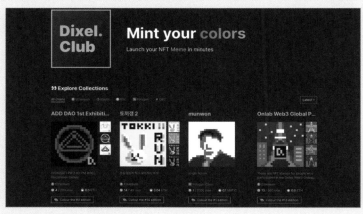

(출처 : https://dixelclub.com)

딕셀클럽을 통해 성장한 대표적인 클럽은 웹 3.0 기반의 배움 플랫폼 '꼬마갱 (ggomagang.com)'이다. 사이트에서의 소통은 디스코드 채널을 통해 이루어지는데, 누구나 수업에 참여할 수 있고, 수업을 열 수도 있다. 이 사이트에서는 보상으로 '바나나 포인트'를 제공하는데, 수업을 듣거나 질문에 답변하는 등 커뮤니티 활동으로 보상받을 수 있다.

토끼갱도 흥미로운 프로젝트다. '운동 열심히 하고 오마카세 먹자'를 목표로 카카오 단톡방을 통해 운영되고 있다. 참여자들은 매주 4회, 4주 동안 운동 챌린지에 참여하게 되는데, 운동 후 인증샷을 카톡방에 올려야 한다. 100% 완주하면 토끼갱 오마

웹 3.0 기반의 배움 플랫폼, 꼬마갱

(출처 : https://ggomagang.com/)

카세 밋업에 초대받을 수 있다.

'우리끼리 모여 무언가 재미있는 것을 해보자!'라고 시작하는 오프라인 모임이 웹 1.0이라면, '재미있는 것을 온라인과 오프라인에서 만나 시작하자'라는 모임은 웹 2.0이라 할 수 있다. 딕셀클럽은 커뮤니티에 NFT를 적용해 직접 자신의 NFT를 만들어 '참여'하게 함으로써 소속감을 준다.

이런 각각의 프로젝트들이 의미가 있는 건 프로젝트를 시작한 딕셀클럽이 주도하는 것이 아니라 각각의 커뮤니티를 만든 참여자들이 주도한다는데 있다. 웹 3.0 커뮤니티를 만들고자 하는 기업들은 이 사례를 참고해 보자.

에필로그

지금 바로 시작하는 웹 3.0

1. 암호화폐 지갑 만들기

1) 클립 만들기

카카오톡에 접속해 오른쪽 하단의 […]을 누르고, [전체 서비

[동영상 보기]

스] 메뉴를 누르면 '클립' 아이콘을 확인할 수 있다. 클립은 카카오 계정으로 손쉽게 가입할 수 있다. 국내 기업들이 NFT 관련 이벤트를 진행할 때 가장 많이 제휴하는 지갑이니 만들어 두면 도움이 된다. 이후 이벤트 참여시 지갑 주소를 복사해 넣으면 된다.

2) 메타마스크 만들기

글로벌 암호화폐 지갑 메타마스크도 만들어 두자. 메타마스크 지갑을 설치하기 위해서는 먼저 크롬 웹스토어에서 'MetaMask'를 검색하여 확장 프로그램을 설치해야 한다. 설치가 끝나면 크롬 브라우저의 오른쪽 상단에 '메타마스크' 여우 아이콘이 나타난다. 지갑을 만드는 것만으로 해킹당하지 않으니 안심하자.

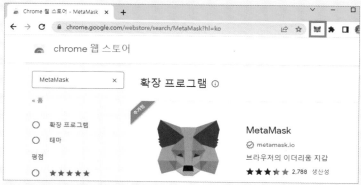

[동영상 보기]

2. 웹 3.0 커뮤니티 북마크

향후 성공과 실패 여부를 떠나 웹 3.0에는 어떤 서비스들이 있고 어떻게 확장해 가는지 지켜볼 필요가 있다. 다음 사이트를 북마크해 두자.

1) PSYger – 가수 싸이의 웹 3.0 커뮤니티

https://sopsyety.io

2) .Swoosh – 나이키 웹 3.0 커뮤니티

https://www.swoosh.nike

3) 스타벅스 오딧세이

https://waitlist.starbucks.com/#/landing

4) DOSI – LINE이 만든 NFT 플랫폼

https://www.dosi.world

3. 웹 3.0 서비스 설치 및 사용

웹 3.0을 접할 수 있는 가장 좋은 방법은 직접 사용해 보는 것이다. 다음 3가지 서비스는 많은 사람들이 이용하는 것이니 스마트폰에 설치한 후 자주 이용해 보자.

1) 브레이브 앱 설치

https://brave.com

2) 스니커즈 앱 설치

https://www.thesnkrz.com

3) 체인플릭스

https://www.chainflix.net

4. 토큰과 코인

1) 업비트(https://upbit.com)

암호화폐 거래소에서 스테이킹 등의 서비스를 확인해 보자. 적극적으로 암호화폐 시장에 뛰어들 필요는 없지만 어떤 시장인지 이해하고 싶다면 최소한의 금액으로 사고팔아 보는 것도 좋다. 직접 코인을 구매한 후 자신의 암호화폐 지갑 '메타마스크'로 인출해 보자. 수수료를 지불하는 과정에서 학습할 수 있는 것들이 많다.

2) 클레이스왑(https://klayswap.com)

클레이스왑을 통해 리플을 클레이로 스왑한 후 카이카스 지갑이나 클립으로 인출해 보자.

5. NFT 구매, 제작해 보기

1) 클립드롭스(https://klipdrops.com)

클립드롭스에 있는 작품들은 클립 지갑을 통해 연동할 수 있다. 구매는 클레이와 원화로도 가능하니 관심 있는 작품을 구매해 보자. 에어드롭(무료)으로 NFT를 증정해 주는 이벤트도 있으니 놓치지 말자.

2) CCCV NFT(https://cccv.to/nft)

암호화폐 지갑 없이, 수수료 없이 가장 쉽게 자신의 NFT를 만

들어 팔 수 있는 곳이다. 지금 바로 가입 후 자신만
의 NFT를 만들어 보자.

• • •

모든 트렌드는 끝이 아니라 시작이다. 이 책에 담긴 내용 역시 앞으로 지속적으로 업데이트될 것이다. 필자의 '일상 IT NOTE' (https://itnote.secondbrainlab.com)와 '일상IT' 유튜브(https://www.youtube. com/@itnote)를 참고하기 바란다.

일상 IT NOTE

'일상IT' 유튜브

평범한 일상이 돈이 되는 세상
웹 3.0 - 참여, 공유, 보상이 가져오는 새로운 미래

초판 1쇄 인쇄 2023년 1월 5일
초판 1쇄 발행 2023년 1월 10일

지은이 이임복
펴낸이 백광옥
펴낸곳 ㈜천그루숲
등 록 2016년 8월 24일 제2016-000049호

주소 (06990) 서울시 동작구 동작대로29길 119
전화 0507-1418-0784 **팩스** 050-4022-0784 **카카오톡** 천그루숲
이메일 ilove784@gmail.com

기획 / 마케팅 백지수
인쇄 예림인쇄 **제책** 예림바인딩

ISBN 979-11-92227-97-9 (13320) 종이책
ISBN 979-11-92227-98-6 (15320) 전자책